ミ

も仕事も

に

る♡

Sayaka

引き寄せ

完全バイブル!

大和書房

ミラクルな世界

夜遅くまで残業して月収20万円の生活を変えたいけど、どうしていいかわからない

もう何年も素敵な出会いがない

毎朝早起きしてぎゅうぎゅうの満員電車に乗って会社で働くのが辛い

寝坊とミスばかりのダメダメ社会人をいい加減卒業したいけど、どうしていいかわからない

まわりに苦手な人がたくさんいて人間関係がギクシャク。家に帰ると同居中の妹とも喧嘩《けんか》三昧《ざんまい》

いつかお城みたいなお家で暮らしてみたい

インフルエンサーでもなんでもないけど、いつか本なんて出せたら夢みたい

一度くらいモテモテになってみたい人生だった

代り映えしない毎日に退屈している

への招待状

→ 独立して1年足らずでマイペースに働いて
月収100万円の“ゆるリッチ”生活に♡

→ 理想の条件30項目を満たす彼氏ができた！

→ 好きなカフェやお気に入りのお部屋、
ホテルなどでゆったり働けるようになった♡

→ すごい経歴や人脈がない中、好きなライティング・
デザイン・旅行等に関わる仕事が舞い込むように

→ 苦手な人たちとは自然と疎遠になったり仲良くなる。
仲が最悪だった妹も大親友以上の仲良しに！

→ 夢に見た白いお城のようなお家を見つけ、
住めることに！

→ フォロワー40人なのに書籍を出版し即重版！
しかも1年半で3冊も刊行することに

→ こんな人たち存在したの!?
と驚くほど素敵な男性たちからモテモテに

→ ハマったゲームみたいな状況を現実で体験
したり、欲しいアイテムがすぐ手に入る
おもしろ引き寄せ生活で人生に夢中に！

ほぼ1年の間に、何もがんばらず
全てが実現したと言ったら
「それは夢でしょ！」
と思われるでしょうか？

いいえ、これはぜーんぶ、
本当に私の現実で叶ったこと。

ある「魔法」を上手に使えば、

あなたの人生にも
“自分史上最高”の
ミラクルが訪れます♡

はじめに
大都会東京での
ミラクルな人生の始まり

数年前は、朝寝坊とミスばかりの“限界OL”

こんにちは、Sayaka. です。本書を手に取ってくださりありがとうございます！

『「引き寄せ」完全バイブル！』を開いてくださったあなたは何か「引き寄せ」たいものがあるのかもしれませんね。

あるいは普通の毎日をもう少しミラクルな毎日に、シフトしてみたいとお思いでしょうか。

いずれの願いであっても、きっとこの本はそれを叶える助けになってくれるはずです。

私にもできたように、あなたにもきっと最高の「引き寄せ」ができます――。

私は３年前まで、特に代り映えのない毎日を送るごく普通の会社員でした。

それどころか、社会人何年目になっても朝は寝坊をするし、ABCのような取引先の名前をCBAと間違えるようなしょぼいミスもする。

決して優秀でスマートな社会人ではなく、毎日ヘトヘトになって働き「もうこれ以上は無理！　来週の月曜はもう絶対に仕事に行きたくない！」と半泣き状態のいわば“限界OL”でした。

それが、**3年と少し前に「引き寄せ」の魔法を“本気で”使い始めてから、私の人生は大きくシフトチェンジ。**

巻頭に書いたことが全て叶ってしまったのです。

お金や恋愛などライフスタイルに関わる大きな変化は、ほとんど1年足らずで実現したもの（詳しくは、『今さらだけど、引き寄せちゃった！』（大和出版）をご覧ください）。

ちょっとびっくりじゃないですか？

自己紹介もかねて、これまでの経緯と、まだ多くの人が使えずにいる人生を変える絶大なパワーを持つ「魔法」について、少しお話しさせていただくことにしましょう。

人生を変えてくれる“何か”を追い求めて

さかのぼること８年以上前。私は古今東西の成功や幸せに関する本を読み漁っていました。

成功哲学、流行りの起業家の自己啓発、心理学、脳科学……あらゆる本を夢中になって読みました。

もともと本を読むことが好きだったのと、当時は仕事で校正をすることが多く「速読」ができたので、朝の通勤電車や帰りの電車、休日など空いた時間があれば本を読みまくっていました。

私の働く東京には、びっくりするほどきれいで性格もよくて身だしなみもいつも完ぺきにしている優雅な女性や、なんでも要領よくスマートにこなせる人がたくさんいます。

少し街を歩けば、見上げるほどに高いタワーマンションがいくつも建っていて、ほとんど全ての部屋に明かりが灯っていたりする……。

なんの悩みもなさそうな、キラキラしてスマートな“勝ち組”の人たち。

ずっと明るい、ビクトリーロードを歩いている人たち。

対して私はいつまでたっても仕事も家事も要領よくこなせない。

ファッションもメイクも、気にしてはいるけどなんだかイマイチ。

毎日とにかく疲れ果てて、唇はガサガサ、髪はパサパサ。

私だっていつかはきれいになりたい。

だけど時間もスタミナも十分なお金もない。

なんでこんなに疲れるんだろう？　なんでみんなはあんなに余裕があるの？

あの“スマートな人たち”とは差がつきすぎていて、どうしたって追いつけない。

あらゆる面で「限界」だった私は、手遅れだと感じながらも、どこかに自分の人生を変えてくれる“何か”があるのではないかと探し続けていました。

なかば現実逃避のような一縷《いちる》の望みを胸に、本を読み続けたのです。

私の人生を180度変えた"秘密の魔法"

たくさんの本を読む中で、私はある成功哲学に興味を持ちました。

国や分野、時代や言葉は違えど、多くの成功や幸せに関わる本は「気」について言及しています。

それをとても端的にいうと有名な「引き寄せの法則」でも言われている「"いい気分"でいれば人生はうまくいく」という魔法のような成功哲学に集約されるように感じたのです。

これだけ時代や国を越えて、異口同音に語られているのだから、完全な夢物語ではなく"本質的な何か"があるはず。

これこそが、成功哲学の大きな秘密なんじゃない——？

そこから「引き寄せ」についての本を読み漁り、いつしか「引き寄せ」関連の動画を見たら、サムネイルのタイトルだけで何の話をしているのかわかるほどの「引き寄せオタク」になりました。

まるで電車の操縦は一度もしたことがないけれど、操縦の仕方は完ぺきに理解している電車オタクみたいでした。

理屈はもう理解した。
あとは、自分の人生で実践するだけ――。

こうして自分なりの仮説ができた私は、自分の人生で実際に検証してみたくなったのです。

それが私の人生を180度変えることになるとも知らず――。

「引き寄せ生活」でプレゼントのような現実が届き始めた♡

私は新卒で入った会社を３ヶ月で辞め、当時働いていた会社は２社目でした。

先ほど少し書きましたが、当時働いていた会社はとても忙しく、毎日ヘトヘトになるまで働く日々。

しかも、それだけ働いてもお給料はすずめの涙……。

そして、ミスも多く社内では「できない人」として見られていたと思います。

このまま会社にいても楽しくない……。

辞めてしまいたいな……。

そんな気持ちがありましたが、これまでの私は「世間の常識」をかなり重視するタイプだったので、「また会社を辞めて転職しても、きっと仕事が嫌になるときがくる。私のキャリアってお先真っ暗じゃない？」と踏み切ることができませんでした。

でも、「いい気分」でいたら全てうまくいくというのが長年の読書の末、私が導き出した成功哲学です。

それに沿って生きてみると決めた。

それならば――。

今までの常識では「やめたほうがいい」と思いつつも、自分のハートの感覚のほうを優先して会社を辞めました。

「いい気分」を一番大切にするためにハートの声を聞き始めると、長年付き合っている彼氏にもしっくりきていないことに気づきました。

もう30近くて、普通に考えたら結婚する年だよね。

まわりの友達ももう結婚してるし、仕事を辞めるなら少しでも将来の見通しがあったほうがいい……。

頭ではそう思うのですが、ハートのあたりの違和感がどうしても拭えません。

そこで仕事を辞めると同時に、思いきって彼氏とも別れることにしたのです。

こうして自分の「いい気分」を一番大切にする「引き寄せ生活」が始まったのでした。

〜冷静に考えたら私の人生終了のお知らせ〜。

頭の中にそんなテロップが流れながらも、自分のハートに耳をすませてみます。

すると、「大丈夫、自分の感覚を信じて進めばきっとうまくいく」という声が聞こえてくるような気がしていました。

でも、それはただの現実逃避かもしれない……。

そんな相反する声に身を引き裂かれそうになりながら、思いきって人生の指針を変えたあの日から、どれだけ私の人生は変わったでしょう。

「いい気分」で叶ったこと

* **好きなライティングやデザインに関わる仕事、電子書籍の**

販売などを収入源にマイペースに働き、年収1000万円超え

＊欲しいインテリアや家電や洋服やコスメがあれば迷わず買ったり、躊躇《ちゅうちょ》なくラグジュアリーホテルのスパに行ったり泊まったりを楽しむ生活

＊３ヶ月でやめた営業と、求人ライティング以外にキャリアはなかったけど、「Sayaka.さんにぜひお願いしたい」とやりたいお仕事がどんどん舞い込むように

＊今まで出会ったことがないような素敵な男性たちから急にモテるようになる

＊理想の彼氏リスト30個以上を満たす恋人ができる

＊容姿をまわりからたくさん褒められるようになる

＊仲が最悪だった妹と劇的に仲良くなる

＊ずっと悩まされていた生理不順が改善する

＊カゼをひきにくくなる

＊インフルエンサーでも有名人でもないのに１年半の間に３冊も本を出版することに

＊これまでの人生に登場しなかった素晴らしい人たちとの出会い

＊憧れていたお城みたいなお家を見つけ、住めることに

……and more!

　ここには書ききれないほどの“自分史上最高”のプレゼントが山のように届き始めたです！

あなたの毎日にもきっとミラクルが訪れる♡

　自分の内面が、現実世界に影響している。
　だから、それを変化させると願いが実現していく――。
　これまでも、いろんな本で言われてきたことではありますが、自分の人生でそれを真剣に実践した人は、実はまだ少ないのかもしれません。

　でも実際にやってみて、あまりにもすごい効果を目《ま》の当たりにした今、私は「引き寄せの法則は本当にある！」と認めざるを得ません。
　あなたにも、このミラクルをぜひ体験していただきたいです♡

　また、私は独立し個人事業主になったものの、スピリチュアルを生業《なりわい》にしているわけではありません。
　企業さんからお仕事をいただいて生活をしている本当に“普通の一般人”です。

だからこそ、日常でスピリチュアルな成功哲学を実践していくことのむずかしさもよくわかります。

今でこそスピリチュアルなことをテーマに本を書いたりしていますが、最初は怪しさを感じて敬遠していたくらいでした。「そんな都合のいい話あるわけない」「現実逃避しているだけじゃない？」と思っていましたし、実践し始めてからも、「みんなちゃんとがんばっているのに、私だけ努力せずにこんなことしていたら将来取り返しがつかないことになってしまうんじゃないか……」と、不安になることもありました。

でもそこで**あきらめて、この魔法の”すごさ”を体験できずに終わるのは、とてももったいないこと。**

恋愛、お金、仕事、人間関係、容姿、健康……実践しだしてわずか1年足らずで、私の人生の全てが魔法みたいに変わってしまったように、「いい気分を使った引き寄せ」にはあらゆることを”現実的に”変えるパワーがあるからです！

「今よりもっと幸せにいろいろ叶えたいけど、現実的には無理だよね……」

そんなむなしさをどこかに抱えているとしたら、これはあなたのための本。

今度はあなたが、ミラクルを体験する番です。

今の生活で「こうなったらいいのになぁ♡」と思うことが、理想通りか、それ以上の形で叶ってしまうことでしょう。

この本では、「引き寄せの魔法」についての解説を始め、私の実体験をふまえながら、日常で魔法を使うのに「ここが大切」と思ったポイントをしぼってお伝えしていきます。

かつての私のように「スピリチュアルな成功哲学なんて怪しくて信じきれない」と一歩を踏み出せずにいる方や、「一度やってみたけど効果がなかった」とうまくできずあきらめてしまった人にこそ、ぴったりの内容になっているかと思います。

スピリチュアルマスターなんかじゃない、“普通の人間”。

そんな私が日常生活で、密かにちょっとスピリチュアルなパワーを使って、人よりラッキーな道を行けている秘密。

毎日の中で理想とたくさんのラッキーを「引き寄せ」るコツを、本書を手に取ってくれたあなたにだけ、これからゆっくりお話ししていきますね。

あなたの毎日にも、きっとミラクルが訪れます♡

CONTENTS

ミラクルな世界への招待状 …… 2

はじめに　大都会東京でのミラクルな人生の始まり …… 6

- 数年前は、朝寝坊とミスばかりの“限界OL” …… 6
- 人生を変えてくれる“何か”を追い求めて …… 8
- 私の人生を180度変えた“秘密の魔法” …… 10
- 「引き寄せ生活」でプレゼントのような現実が届き始めた♡ …… 11
- あなたの毎日にもきっとミラクルが訪れる♡ …… 15

この本の読み方 …… 26

第1章　「魔法」を使う ポイントまとめ

最高の理想を叶える最強にシンプルな成功哲学 …… 28

- 全ての理想を叶えるのに必要なたった1つのこと …… 28

人生って実は“建売”じゃなく“オーダーメイド” …… 30

- そもそも「引き寄せの法則」って? …… 30

“自分史上最高ルート”の引き寄せとは? …… 32

- 自分仕様の「こうなったらいいな♡」がぜんぶ叶う …… 32

“自分史上最高ルート”の引き寄せはVIPコース♡ …… 35

- 超優秀なコンサルタントが全てを手配してくれる! …… 35

“自分史上最高ルート”は誰の人生もうらやましく思わない道 …… 37

・「私の人生が一番幸せ♡」と思える人生を …… 37
“自分史上最高ルート”で世界が自分仕様にスイッチする …… 41
・叶うのは、自分の理想にぴったりorそれ以上 …… 41
叶えるのは“超優秀なコンサルタント”におまかせ …… 44
・あなたはただ旅を味わえばいい♡ …… 44
VIPコースの引き寄せを体験するチケットとは？ …… 46
・「いい気分」とは全てが叶った状態の感覚 …… 46
最高のラッキー引き寄せを実現するのは「本来の自分」 …… 48
・子犬や赤ちゃんを思い出して！ …… 48
“自分史上最高ルート”を叶える「いい気分」まとめ …… 54

第2章 「本来の自分」以外、ぜんぶ脱ぎ捨てれば軽～くうまくいく！

ぜんぶ脱ぎ捨てると最強の“引き寄せ磁石”になれる …… 56
・あなたのお仕事は「気づいて」「脱ぐ」だけ♡ …… 56
“偽りの私”の鎧をまとっていることに気づくには？ …… 59
・“ハートの感覚”ですぐに気づけるようになる …… 59
・魔法を信じるということは、自分を信じること …… 61
過去や“茶番”をコピペし続ける私を脱ぎ捨てる …… 64
・知らないうちに、“自分じゃない誰か”の人生を生きてない？ …… 64
・“茶番”を見極めるには …… 66
・安心は結婚や大企業への就職じゃなく自分のハートの中に …… 67

「常識や人にどう見られるか？」で選択する私を脱ぎ捨てる …… 69
・「ふわっと上向き♡」や「しっくり」をチョイス …… 69
Sayaka's story　ハートで選んでいると勝手にうまくいく …… 71
「“自分”に価値をおけない」私を脱ぎ捨てる …… 74
・“私もみんなもVIP”な世界が本当 …… 74
人間関係に悩んだら、いつでも自分との関係を見直そう …… 76
・今日から自分を、うんとVIPに扱おう♡ …… 76
「一般庶民の普通な私」を脱ぎ捨てる …… 79
・簡単に「好きなものを好きなだけ♡」を体験する裏技 …… 79
・全て脱ぎ捨てた感覚のインプットでミラクルが起こりだす …… 81
・少しずつVIPの感覚をインプットしていこう …… 83
「本来の自分」を思い出す5ステップ …… 85
・楽しみながら感覚を思い出そう♪ …… 85
・迷ったらここに戻ればOK …… 87
「どうせミラクルなんて起きない」と思う私を脱ぎ捨てる …… 88
・ミラクルの定義を見直そう♡ …… 88
・流れ星のようにミラクルが降りそそぐ毎日へ …… 91
「普通に考えてこうなる」にとらわれる私を脱ぎ捨てる …… 92
・“普通に考えてルート”は安心できるけど…… …… 92
・「叶って当たり前」が本当 …… 94
「環境を変えないと変化は起きない」と思う私を脱ぎ捨てる …… 96
・幸せになるには環境を変えるしかない？ …… 96
Sayaka's story　ハマった戦国ゲームの世界が現実に!? …… 97
・環境を変えなくても、本当に現実が“空気を読んで”くれる …… 102

Story　大変な職場環境が短期間で激変した！ …… 103
- 現実はとびきり甘くて優しい♡ …… 106

「テクニックで現実を変えよう」とする私を脱ぎ捨てる …… 108
- シンプルの徹底こそが“ミラクル引き寄せ”一番の近道 …… 108
- ハウツーや知識より、自分の感覚が大切 …… 109

第3章 自分と深くつながるほど、オリジナルな世界が現れてくる！

もっと自分とコミュニケーションをとってみよう …… 114
- 自分と深くつながるほど、好みの世界が受け取れる♡ …… 114

「ポジティブシンキング」と「いい気分」は全然違う …… 116
- いつだって自分に正直でいよう …… 116
- 「嫌な気分」にも蓋をしないのが「いい気分」 …… 118
- 「嫌な気分」でいても大丈夫？ …… 120

自分の感性をとことん大切にすると好みの現実がやってくる …… 122
- スタバみたいに価値観もカスタムしてみよう♡ …… 122

Sayaka's story　美の基準が変わったら美人扱いされるように …… 123

Sayaka's story　海外の価値観を取り入れて自分らしく働けるように …… 128

“「本来の自分」のエッセンス”を見つけるノート術 …… 131
- 「引き寄せ力」を強化させよう！ …… 131
- 心底ときめくものがどんどん引き寄せられる♡ …… 135

Sayaka's story　「運命のイヤリング」とのキセキの出会い …… 136

・自分とつながるほど、ワクワク濃度の濃い人生に♡ …… 140

ことわざだって、自分好みに変えていい …… 142

・ことわざは多くの人が「いいね！」してきたものに過ぎない …… 142

・あなたの世界の辞書を作り直そう♡ …… 143

・もっとわがままに自分オリジナルの世界を味わっていい！ …… 146

「引き算思考」で"自分史上最高"がやってくる …… 147

・TO DOよりWANT TO DOリストを作ろう …… 147

・エネルギーは石油と一緒。無駄遣いしないこと♡ …… 151

「嫌な思い出」は宝の山！ …… 152

・嫌な気分は"ダイヤの原石"？ …… 152

・「嫌な出来事」から「本来の自分」が見えてくる …… 153

Sayaka's story　私が「引き寄せ」を極められたワケ …… 153

・さぁ、あなたもお宝を掘り起こしてみよう♡ …… 158

第4章　「引き寄せ」が うまくいかないときの救急箱

「引き寄せのワナ」にハマらないために …… 162

・行きづまったときの解決策がきっと見つかる♡ …… 162

「叶えよう」としないことで叶いやすくなる！ …… 163

・「叶えるために」何かをするのはNG …… 163

・甘いキャンディーをなめるように理想を味わおう♡ …… 164

・"スピリチュアル沼"にハマらないために …… 166

オリジナルの“簡易マインドフルネス”を持っておく …… 168

- “私だけのマインドフルネス”でいつでも嫌な思考から抜け出せる …… 168

スパに行くように、マイナス思考をデトックスする方法 …… 172

- しつこいモヤモヤは、溜め込まずに吐き出しちゃおう! …… 172

過去のトラウマは乗り越えなくてOK …… 174

- 苦〜い記憶に悩まされるとき …… 174

Sayaka's story　エリートコンプレックスが溶けてなくなった …… 175

- トラウマに襲われたときの対処法 …… 177

「本来の自分」でいるのは恋にも効く♡ …… 179

Sayaka's story　憧れのいい男に口説かれる妄想が現実に! …… 179

誰かと比べたり競争して辛くなってしまうとき …… 183

- 自分の「内側」に目を向ければ誰も気にならない …… 183
- 泳ぐときみたいに自分に集中しよう …… 184

「何かのために」という考え方は引き寄せ的にはご法度 …… 186

- 「何かのために」がNGな理由 …… 186

Sayaka's story　いつの間にか「本来の自分」からブレていた …… 187

- 1%の「やりたいことだけ」でもっと夢中になれる人生を♡ …… 191

執着や焦りで苦しくなってしまうとき …… 193

- 「現実世界」に執着するのはまるでコメディ …… 193
- 欲しいのは「もの」ではなく「感覚」と心得る♡ …… 195

嫌な出来事はミラクルを起こす大チャンス! …… 197

- 嫌な出来事は「望まない思い込み」を教えてくれる …… 197

Sayaka's story　コンプレックスを克服したら現実が変わった …… 198

- ぽーんと軽やかに越えていこう♡ …… 201

たいていのことはできなくてOK!　自分を責めないこと …… 202
・何もできなくても、本来のあなたは“そのまま”で完ぺき …… 202
Sayaka's story　不器用なのに営業成績1位な彼女のヒミツ …… 203
・「本来の自分」に一番の価値がある♡ …… 206
苦手な人や問題が山積みのときには? …… 208
・STOP!　望まないことに薪をくべない …… 208
・問題は解決するものじゃなく、勝手に消えてなくなるもの …… 210
・家事や仕事がめんどうなら、「今」しなくてOK …… 211
八方ふさがりなら、寝る …… 213
・調子が悪いときはPCみたいに自分もシャットダウン …… 213
Sayaka's story　コロナ禍で仕事ゼロのピンチも、寝て解決! …… 215
・「寝る」は効果抜群の最終奥義 …… 217

第5章 インスピレーションを活かせば、もっと♡「引き寄せ」が加速する!

“コンサルタント”からの理想の未来の「予告編」を受け取ろう …… 222
・“自分史上最高ルート”の引き寄せを加速させるポイント …… 222
「引き寄せ」を加速させるインスピレーションの受け取り方 …… 224
・「本来の自分」でいたらビジョンが受け取れるように! …… 224
Sayaka's story　インスピレーションで想像以上の未来に♡ …… 224
・受け取るのに必要なのはやっぱり1つだけ …… 225
新品のドレスをなじませるように“理想”をなじませていこう …… 228

- 受け取ったメッセージを「やってみる」と次が見えてくる …… 228

Sayaka's story　理想の"ゆるリッチ"な生活になるまで …… 229

- "自分史上最高ルート"にがんばりは必要ない♡ …… 232

コンサルタントからの予告編は仕事でも超使える …… 235

- 仕事もインスピレーションを大切にするとうまくいく …… 235

Sayaka's story　「ピン」を重視したら仕事がスムーズに！ …… 237

Sayaka's story　インスピレーションに従ったら出版が決定！ …… 239

- 最先端で効率的なお仕事ツール …… 242

ときには「最悪」を考えることがプラスになる …… 243

- 「ゆだねる」のに大切なこと …… 243
- 理想と真逆の現実に降参してみよう …… 245

Sayaka's story　「どうなってもいい」で発作が治まった！ …… 248

- 「引き寄せ」だってできなくてもいい …… 250

願いはぜんぶ、ベストなタイミングで叶う …… 252

- あなたのコンサルタントは未来までお見通し …… 252

Sayaka's story　夢に見たお城のようなお家が現実に！ …… 253

- リラックスして、安心して待っていたらOK …… 259
- あなた専属のコンサルタントは超絶優しい …… 260

毎日シャンパンを開けたくなる人生を送ろう♡ …… 261

- さぁ、"自分史上最高ルート"の旅に出かけよう！ …… 261

おわりににかえて　最強の味方はいつも自分の中にいる …… 265

この本の読み方

第1章　魔法についての基本的なことをまとめています。

第2章　魔法を使うカギである「いい気分＝本来の自分」を思い出す方法をまとめています。

第3章　もっと自分と深くつながり、よりオリジナルな世界を作っていくことについてまとめています。

第4章　引き寄せを実践する中で、陥りがちなワナへの対処法や、うまくいかないときの処方箋をご紹介しています。

第5章　「引き寄せ」を加速させ、さらに願いを叶えていくポイントをまとめています。

Sayaka's story　私の体験談です。

Story　読者の方の体験談です。

気分によって読み飛ばしたり、
まとめて読んだりしてご活用ください♡

第1章

「魔法」を使う
ポイントまとめ

最高の理想を叶える最強にシンプルな成功哲学

全ての理想を叶えるのに必要なたった1つのこと

「そんなうまい話本当にあるの……？」

そう思われるでしょうか。

今まで現実的にがんばってきた方ほど、「“いい気分”だけで理想が叶う」と言われても「え？」って感じかもしれません。

でも、もしも本当なら……？

本当にそのやり方で、世界の一部の人だけがラクに幸せな人生を歩んでいるのだとしたら……？

なにそれ！　そんなのズルい！

私を動かしてくれたのも、そんな気持ちでした。

何か「絶対に叶えたい大きな夢」があるわけではなかったのですが、毎日ぎゅうぎゅうづめの満員電車に乗りながら、

「本当に私の人生これでいいのかな？　一生このままなの？」
「もしも、もっとラクに生きられるなら？」
「うっとりするようなあんなことやこんなことが“本当に”自分の人生でも叶うなら？」

そう思いながら本を読んできました。

もちろん、いろんな生き方があって正解はありません。でも「もっと自分が幸せを感じられる人生の歩き方」はあります。

そして**私が見つけた限り、現実的に幸せになるのに最高に効率的で効果的な歩き方が、先ほどもお伝えした「いい気分を使った引き寄せ」なのです。**

経験上、全ての理想を叶えるのに必要なのは、これだけです。

ここからは、そんな最高の理想を叶えられる最強にシンプルな成功哲学を実践していくにあたり、大前提としておさえておくといい基本の知識をご説明していきますね。

ここが一番大切なポイントでもあるので、しっかりついてきてくださいね！

人生って実は
“建売”じゃなく
“オーダーメイド”

そもそも「引き寄せの法則」って？

そもそも「引き寄せの法則」をご存じでしょうか？

この本を手に取ってくださった方は、知っている方がほとんどかと思いますが、初めに軽くおさらいしておきましょう。

「引き寄せの法則」とは、現実に起こることは全て、私たちが「引き寄せ」ているというものです。

悪いことも良いことも、ランダムにたまたま起こっているわけではない。

自分の内側（思考や気分）に沿ったものが、現実に現れているという考えです。

現代では、たとえば「上司に怒られたから、落ち込んだ」というふうに、外側に原因があり、その結果嫌な気分になるという考えが基本ですよね。

そうではなくて、「落ち込んでいたら、上司に怒られた」というふうに、内側の状態が原因で、その結果嫌な現実が起こるという考えをするのが「引き寄せの法則」です。

そう、たとえ無意識であったとしても、誰もが自分で作り上げたオーダーメイドの人生を生きているということですね。

これを人生に活用していくとすると、上司に褒められたいなら褒められたときの感覚でいる、シャネルのバッグが欲しいならすでに持っている感覚でいる、宝くじに当たりたいなら当たったときの感覚を感じる……ということになります。

これまでは無意識に嫌な現実を引き寄せていたのを、意識的に欲しいものや理想をイメージしていき、望む現実を引き寄せていきましょうということです。

ここまでが、「引き寄せの法則」のおさらいです。

たくさん本が出ているので、知っている方が多いかもしれませんね。

“自分史上最高ルート”の引き寄せとは？

自分仕様の「こうなったらいいな♡」がぜんぶ叶う

「引き寄せの法則」を活用して、みんなが好きなものを「引き寄せ」ていたら世界中の人が幸せになっているはず。

　ですが、いざ実践してみると「引き寄せ」をむずかしくする問題がいろいろと出てきます。

　たとえば以下のような具合です。

- いくら願ったりイメージをしても叶わない
- 叶うと信じられない
- 叶ったときの感覚になれない
- 何を望めばいいかわからない
- 欲しいものを「引き寄せ」たけど、あまり満足感がないこれは多くの場合どれも「意識」に根づく問題です。

私たちは頭で自分のことをなんでも理解していると思っているところがありますが、私たちの意識には「顕在意識」と「潜在意識」があるというのは有名な話。

つまり、「顕在化していない意識」があるのです。
この割合は、顕在意識は意識全体の５％であるのに対し、潜在意識は95%と言われています。
圧倒的に潜在意識の占める割合が大きいんですね。

ですから、５％の意識でどれだけ宝くじが当たった気分でいたところで、95%の潜在意識で「無理無理無理！」と否定していたとしたら、それは叶いません。
どれだけ５％の意識で「シャネルのバッグが手に入れば最高！」と思っていても、95%の潜在意識で「本当はBMWが欲しいけど」と思っていたら、叶っても満足感がないのです。

えーじゃぁどうしたらいいの？
潜在意識をぜんぶ把握してコントロールできるようにす

る？　欲しいもの・恋愛・お金・仕事・人間関係・健康……満足できるものに出会えるまで引き寄せのトライアンドエラーをやり続ける……？

そ、そんなの大変すぎる……。

大きな壁に突き当たったときに、「気分」を活用するというアイデアが出てきます。
「原因は内側にあり、その結果が現実に起こる」
この方程式が真であるなら、
「“自分史上最高”のいい気分でいたら、“自分史上最高”の出来事が現実に起こる」
ということになるからです。

これを、「“自分史上最高ルート”の引き寄せ」と呼ぶことにしましょう。
「いい気分でいたらいい気分になれることが勝手に叶っていく」、もっと言うと、自分仕様の「こうなったらいいな♡」がぜんぶ叶っていきます。
この本では、私自身も活用してきたこのアプローチの引き寄せについてご紹介していきます！

“自分史上最高ルート”の引き寄せはVIPコース♡

超優秀なコンサルタントが全てを手配してくれる！

本書でお伝えする「“自分史上最高ルート”の引き寄せ」は、「引き寄せの法則」界での“VIPコース”です。

なぜなら、叶えるための仕事は、全てあなた専属の“超優秀なコンサルタント”におまかせするようなものだからです。

先ほど「引き寄せの法則」についてご説明しましたが、通常の活用方法だと、「まずは100万円を手に入れて、次はディオールのワンピースを手に入れて、次はハイスペイケメンの彼氏を手に入れて……」と、自分で欲しいものを決めて、イメージして、狙い撃ちしていくことになります。

一方、本書でご紹介する「“自分史上最高ルート”の引き寄せ」は、好みに絶対マッチするもの・出会い・出来事やシーンが勝手に手配される。まるで“超優秀なコンサルタント”が完ぺきなサプライズを手配してくれるような感じなのです。

コンサルタントはあなたの好みを完ぺきに把握しているので、いちいち面倒なオーダーはいらず、自動で整えてくれちゃいます♡

もちろんお代はいりません！

どうですか？　なんだかワクワクしてきませんか？

それこそが、魔法をかけるのに必要なもの！

コンサルタントに動いてもらうのに必要なのは、その「いい気分」だけなんです♡

ときめき、ワクワク、しっくり感、なぜか惹《ひ》かれる、スッキリ、ホッとする、大丈夫という安心感……。

なるべく多くそういった「いい気分」の感覚でいられるようにすると、そんな気分にぴったりの“自分史上最高”の現実がやってくるのです。

それをただ受け取って、味わって、体験していくのがVIPコース。何が届くか楽しみにしていてください♡

“自分史上最高ルート”は誰の人生もうらやましく思わない道

「私の人生が一番幸せ♡」と思える人生を

「いやいや“自分史上最高”とかどうでもいい！　私は今、明日の女子会に持っていくシャネルのバッグがとにかく欲しいんだけど！」

そう思う人もいるかもしれません。

でももし、シャネルのバッグを「引き寄せた」か「がんばって手に入れた」として……「ディオールの新作バッグ」をあとから見つけ、そっちのほうがずっと自分好みだったら？

あるいは、女子会で友達が「これインスタで見つけたんだけど、すごくお手頃だった！」と、めちゃくちゃかわいいパリのブティックのバッグを持っていたら？

（し、失敗したかも〜〜〜〜〜涙）
（また引き寄せなきゃ……）

となりませんか？

あるいはまわりでこんなことはありませんか？
「不倫だけど、その人と結ばれるのをずっと願ってる。その人と幸せになる未来が絶対いい！」と言う女友達。

まわりから見ると、「彼そんなにいい男じゃないよ……絶対もっといい人いるよ〜！」というような状況です。

頭では、今までの経験や記憶をもとに「それ以上の幸せは絶対ない！」と思い込んでしまっている。
ですが、そのまま手に入れたとしても、はたしてそれは「最高の幸せ」なのでしょうか？

もしかしたら数年後、「世の中にはこんなに優しくてスマートで誠実な人がいたの⁉」とドキっとする独身男性に偶然仕事で出会ってしまうかもしれません。

そう、私たちの頭で思い描ける理想は過去の経験に縛《しば》られていて、本当はものすごく限定されていたりする。
「今の自分の頭で描ける理想以上の理想」は、世界にはいくらでも存在するのです！

ですから自分の頭で描く範囲の理想を叶えようとすると、本当はもっともっと幸せになれるはずの“自分史上最高”を逃してしまうことがあるのですね。

もちろん、それも１つの人生です。
自分のとらえ方次第で、いくらでも楽しむことができます。

だけど、想像してみてください。
がんばって手に入れたシャネルのバッグを持って、必死の思いで結婚した不倫男と、表参道を歩いているある日。

自分のハートが大きくときめいた「パリのブティックのバッグ」を大切そうに持っている女友達が、「世の中にはこんなに優しくてスマートで誠実な人がいたの⁉」といつか衝撃を受けた独身男性にエスコートされ、幸せそうに見つめ合っているところを見かけたら……？

（私の願い、ぜんぶ叶ったはずなのに。なんかうらやましいかも……）

不倫男「おい、何やってんの？　早くこいよ」

（私の本当の幸せって、なんだったんだろう……）

……そうなってしまいませんか!?

この**「あの子がうらやましい」がない人生。**
「他の誰より、自分の人生が最高」と心から思える人生。
これが“自分史上最高ルート”で叶う人生です。

ちなみに「引き寄せ」は自分の内面を変えるだけの取り組みですから、手遅れはありません。
いつからでも“自分史上最高ルート”にシフトチェンジできるので、安心してくださいね。

もちろん、シャネルのバッグと不倫男をゲットしたあとでも大丈夫です♡

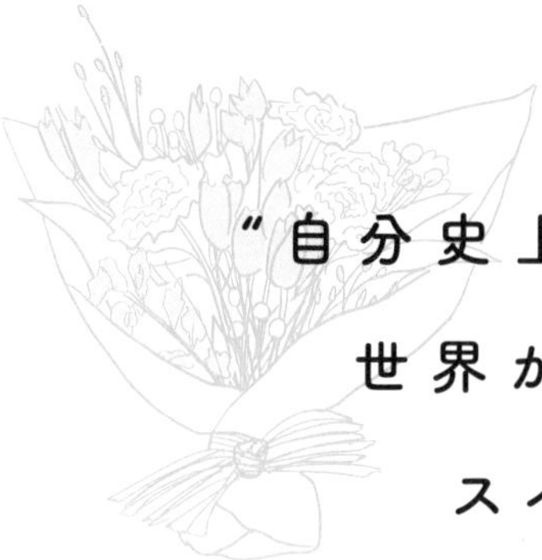

“自分史上最高ルート”で世界が自分仕様にスイッチする

叶うのは、自分の理想にぴったりorそれ以上

“自分史上最高ルート”では、いつか描いた理想や、それと同等かそれ以上のもの……最高に自分好みの現実を体験していきます。

ハートがホッとする、ときめく、ワクワクする、しっくりくる、キュンとする……。

自分好みすぎて、思わず心の中でマラカスを持って踊り出してしまうくらいに幸せだったり、感動で心震える出来事。

その特徴は、必ずしも「世の中の多くの人が望む理想」ではなくて、「自分にぴったり」であることです。

まさにVIP待遇のように、自分のためだけにあつらえられたものばかりです♡

たとえば叶うのは、

「東京のタワーマンションに住んで、毎日ピラティスに通ってアフタヌーンティーをたしなみながら女子会をして、インスタフォロワー10万人」

ではなく、

「東京のラグジュアリーホテルと鎌倉の海辺のログハウスの２拠点生活で感性を磨きながら、おしゃれな街やカフェについて記事を執筆する仕事を生涯極めていく」

生活かもしれない。

「宝くじが10億円当たって、ベンツを買って、豪邸を買って、毎月ハワイに行って、御曹《おんぞう》司《し》と結婚」

ではなく、

「手作りのアクセサリーをネットショップで売るのと投資で豊かにお金を稼ぎながら、毎年アジアやヨーロッパに材料を買いつけにいく中で、大好きなタイの街の大好きな居酒屋さんで意気投合した起業家と結婚して家族を持つ」

ことかもしれない。

結局、お金がなくても美味しいお味噌汁が飲めたらそれでいいですよね？　なんて話がしたいわけではありません。

言いたいのは、**リッチな体験も、安くて美味しい居酒屋さんといった粋な体験も全てひっくるめて「自分にとって最高にときめくもの」が引き寄せられてくるのが”自分史上最高ルート”ということです。**

“自分史上最高ルート”で現実に届くプレゼントは、みんなが喜ぶと思われがちな「大金」とか「100万いいね！」だけではなく、あるときには自分の舌にぴったり合うコンビニのスイーツかもしれないし、またあるときには昔から憧れていたブランドとの仕事がびっくりするような好条件で決まることかもしれない。

そう、”自分史上最高ルート”に乗っていると、まるで「この世界は私のためにあるの⁉」と思えるような、自分にとって最高にときめくミラクルが、最高のタイミングで次々現実世界に現れてくるのです♡

「超優秀なコンサルタントが勝手に手配してくれるみたい」というのは、こういうことなんですね！

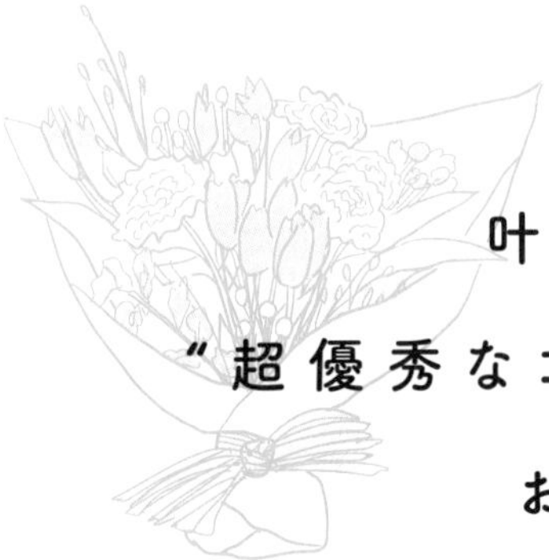

叶えるのは“超優秀なコンサルタント”におまかせ

あなたはただ旅を味わえばいい♡

“自分史上最高ルート”は想像以上の理想に加え、自覚していない理想までも叶えていくルート。「自分で叶えていく」という感覚とはちょっと違います。

先ほどもお話しした通り、自分の何十倍も賢く優秀な“専属コンサルタント”がついているような状態です。

そのコンサルタントは、私たちそれぞれの好みを完ぺきに把握していて、完ぺきなタイミングで用意してくれます。

自分の過去の経験や今の頭では描けない理想もお見通しで、「あれが欲しい」と思う前に「あれ」を用意して、勝手に“自分史上最高”のサプライズを山ほど手配してくれているのです。
「最高に美味しいクロワッサンが食べたい」と思い浮かんだときにはすでに、「近所のパン屋さんに新メニューとしてご用意しています」。
「こんな恋人と出会いたい」と思い浮かんだときにはすでに、「今月は遊びの予定がたくさん入っていますから、再来月合コンをセットし、そこで出会えるように手配しています」。

そう、人間離れしているほどめちゃくちゃジェントルマンで優秀なのです！
もう結婚したいくらいに（笑）。

そして36ページでお話ししたように、コンサルタントに“自分史上最高”の理想を叶えてもらうために必要なのは「いい気分」でいること。それだけです。

ですから、VIPコースを行く私たちの仕事は、理想を叶えるために走り回ることではありません。
優秀なコンサルタントが完ぺきに手はずを整えてくれた旅を「いい気分」で味わうことだけなのです♡

VIPコースの引き寄せを体験するチケットとは？

「いい気分」とは全てが叶った状態の感覚

それでは、VIPコースの引き寄せを体験していくためのチケットである「いい気分」とはどんな状態でしょうか？

これは人によってそれぞれですが、私なりの言葉にするとこんな感じです。

ベースは、「全ての願望が叶ったときの感覚」。
つまりは、過去や未来や他人のことなどモヤモヤ考えておらず、今この瞬間ハートのあたりが満たされている感覚です。

頭の中は「月曜からの仕事嫌だな～」「旦那を取り替えたいな～」なんてことは考えない、クリアな状態です。

全て叶っていて“不足感”のない状態ですから、願望にも執着していません。

全て叶った状態なんて想像もつかない！　と思われるかもしれませんが、人は想像力を働かせられる生き物です。

もし何も悩みがなかったら？
もしあれもこれも叶ったらどんな感覚になる？
体験したことのないことでも、想像してみることからミラクルな人生は始まります！

最高のラッキー引き寄せを
実現するのは
「本来の自分」

子犬や赤ちゃんを思い出して！

さて、「いい気分」は全て叶った状態の感覚というと、キラキラした素敵な自分を想像しますよね。

ハイテンションで、パワフルで、まだ見たことのない理想的な自分。
それも間違いではないのですが、私の思う「いい気分」はもう少し感覚が違います。

これについてお話しするのに、私たちはなぜ何かを「叶えたい！」「欲しい！」と渇望するのかから見ていきましょう。

なぜ「願望を叶えたい」「今よりもっと素敵になりたい」と思うのか？

それは大きく言うと、「いい気分」を感じたいからです。

自覚している願望	本当の願望（＝「いい気分」）
ガムが欲しい	スカッとしたい
座り心地のよいソファが欲しい	リラックスしたい
好きな仕事をしたい	ワクワクしたい
広くてきれいなお家に住みたい	開放感を感じたい
10億円欲しい	もっと安心したい
きれいになりたい	自信を持っていたい
もっと愛されたい♡	最高の気分になりたい

そしてもっと言うと、ガムやソファが手に入ったら満足するわけではなく、「そういう素敵な体験をいつでも自分は味わえる」「味わうに値する」という感覚が欲しいと私たちは望みます。

１ギガ○○円より、ネット使い放題に多くの人が惹かれるのと同じです。

「別の誰か」に生まれ変わらなくても、「自分自身」でいるだけで「欲しいものに制限なく恵まれる」という感覚——。

そんな感覚をいつでも味わっていたいのです。

「えーでもそんな感覚味わったことない！」

そう思いますか？

実は誰もがみんな味わっているはずなのです。

そう、生まれたばかりのとき。
あるいは、まだ常識を身につける前の子どもの頃には。

多くの人は、たとえば３歳の頃には、
「お母さんにお中元贈らなきゃご飯をもらえないかも」
「私がアイドルのオーディションに受かる確率は倍率的に0.001％以下」
「俺なんかが社長になれる資格はない。大きな夢を描くなんて恥ずかしい」
なんて、何かを願うときに制限をつけていなかったはずです。

将来はあれになろう！　あんな感じのお家に住もう！　大人になったらあのドレスも買ってみたいな♡
「私はそういう素敵な体験をきっといくらでも味わえる、味わうに値する」

そうデフォルトで信じていたはずなのです。

まだ世間の「当たり前」をインストールする前には、安心感や自由をベースに、一瞬一瞬いい気分でいたはずなのです。

つまり「いい気分の自分」とは初めて出会う自分ではなくて、いろんな鎧《よろい》を身にまとう前の「本来の自分」。

ほとんどの人が幼稚園に上がる頃には封印し始めてしまうようなこの状態が、最高にして最強の引き寄せ力を発揮します。

「原因は内側にあって、その結果現実が起こる」が引き寄せの理屈です。

それならば「制限や自己否定がない状態」は最強なんですね！

この感覚こそが最高の引き寄せ力を発揮する「いい気分」なのです♡

たとえば具体的には、

・何も考えず南の島の海に浮いている感覚

・熱いお風呂に入ったときのホッとした感覚

・ふかふかのお布団に入って眠りにつく前の感覚

などイメージしてみてもいいかもしれません。

なので「これまで感じたこともないようなハイテンションにならなきゃ」とか「嫌な気分にならないよう、がんばっていい気分をキープしよう」とか考えなくて大丈夫です。

ただ大人になる中で身につけてきた否定的な思考に気づいたら「あ、今“本来の自分”からブレてるな」と自覚すればいいだけ。

思考も、髪を触る、貧乏ゆすりをするといった「クセ」のようなものです。

「また大人になる過程で拾った鎧をまとってるな」と気づけるようになった時点で、それはなくなっていくもの。

我に返れば、その鎧は溶けていきます。

生まれたての子犬や赤ちゃんを思い出してみてください。

自虐なんてせず、ただただ一瞬一瞬を新鮮な気持ちで楽しんでいますよね？

それくらいフラットな目で世界を見て、一瞬一瞬を味わいながら、世界に存在してみるのです。

その状態でまわりを見渡してみると、いつもの自分のネイルにキュンとしたり、月夜の散歩道に吹く風の心地よさにときめいたりします。

そしてそんなときは、損得勘定やトラウマなんかに振り回されず、シンプルに自分がいい気分か？　ハートがときめくか？　ワクワクするか？　しっくりくるか？　魂が震えるか？　リラックスできるか？　などを軸に、日々の物事を選んでいくでしょう。

これこそが、VIPコースをオーダーしていくのに最強の在り方です！

“自分史上最高ルート”の引き寄せを体験していくのに、ここが一番大切なポイントです。

ぜひ覚えておいてくださいね！

“自分史上最高ルート”を叶える「いい気分」まとめ

いい気分とは

＝本来の自分。生まれたときのデフォルト・自然な状態。

ベースは全ての理想が叶っているときの感覚。ハートがスカッとしていて、充足感で満ち足りている状態。
自由で、可能性に満ちている。モヤモヤ考えたり、自己否定したりしていない状態。

悪い気分とは

＝本来の自分から“ブレている”状態。

不自由で、不可能だらけで、自己否定がある。
ハートがモヤモヤしていて、不足感がある。
大人になる中で身につけてきた常識や、頭で作り上げた固定観念に縛られ、自分で可能性を制限している状態。

いい気分は、本来のデフォルトの状態。
がんばって、いい気分に**“なる”**というよりは、一瞬一瞬「本来の自分」で**“いる”だけでOK。**

悪い気分になったら（＝「本来の自分」からブレたら）、
不安や恐れに気づき**否定的な思考や感情、抵抗を“手放す”だけでいい。すると自然とデフォルトである「本来の自分」に“戻れる”。**

これを理解しておけば、“自分史上最高ルート”を叶える基本のキである「いい気分でいる」ことがずっとラクになると思います。ぜひ押さえておいてくださいね！

第2章

「本来の自分」以外、
ぜんぶ脱ぎ捨てれば
軽～くうまくいく！

ぜんぶ脱ぎ捨てると最強の“引き寄せ磁石”になれる

あなたのお仕事は「気づいて」「脱ぐ」だけ♡

前章で、“自分史上最高ルート”を引き寄せるのに必要なのは「いい気分＝本来の自分」でいることだけとお話ししました。

なので、**「本来の自分」でいるには、理屈や理論、テクニックを習得するよりも、その感覚をつかむほうが早い**というのが私の考えです。

自転車に乗るために、サドルは鉄でできていてハンドルはアルミでできている、みたいに知識をたくさん蓄えるよりも、運転する感覚をつかむほうがスイスイ乗れるような感じです。

でも、急に「本来の自分」なんて言われてもわからないよ！

そんな感覚になれない！

そういう方もいらっしゃるかもしれません。

ですが本当はとっても簡単なことなんです。

ただ忘れてしまっている、もともとのあなたの心の在り方なのですから。

つまりは、何かを新しく身につけ、学んで、がんばっていい気分になれるアクションをして……というよりは、大人になる中で「本来の自分」を制限してきた重〜い鎧を“脱ぐ”だけ。

そう、本来の自分が私たちのデフォルトの状態ですから、「なろう」としなくても、自分と合わないものをまとっていると気づいたときに「脱ぎ捨てるだけ」でいいのです。

大人は現実への反応で本来の自分にそぐわないものを知らず知らずのうちにまとってしまうクセがあるので、何ヶ月かけてぜんぶ脱いでおしまい、というよりは、一瞬一瞬「まとっていると気づいたら脱ぐ」ようなイメージです。

何かアクションを起こすというよりは、いかに「本来の自分」ではない偽りの自分の思考に「気づけるか」がポイントになります。

最初は何十年もガチガチにまとって鎧のようになっていて、どれが「本来の自分」？　と感覚をつかむのにちょっと苦労するかもしれません。

でもすぐに「暑いからコートを脱ぐ」「乱れた髪を直す」みたいに違和感に気づき、ブレるたび自分の力で最強の引き寄せ磁石「本来のあなた」に戻れるようになります♡

“偽りの私”の鎧をまとっていることに気づくには？

“ハートの感覚”ですぐに気づけるようになる

「本来の自分」の感覚を思い出し偽りの自分の思考に気づいていくために、大切なことは１つだけ。

それはハートの感覚を使うことです。

実はハートは「今本来の自分でいられているか」を教えてくれる優秀なレーダー。

本来の自分と一致しているときは「いい気分」、ブレているときは「嫌な気分」になるので、ハートの感覚がいい気分であれば「本来の自分」でいるということなのです。

だからハートの感覚に注意を払っていれば、最強の引き寄せ磁石状態からブレてないか？　がわかります。

なので、いつでもハートの感覚を第一優先にしてみるとい

いのです。

そうすると、重い鎧をまとってもすぐに「なーんだ私が制限してた」と気づき、脱ぎ捨てられるからです。

なんだかむずかしそう……そう思われますか？

これまでは「こうならないように○○しなくちゃ」「普通に考えてこうしたほうがうまくいくよね」といった常識や頭の声をいろいろ意識して生活していた人がほとんどだと思います。

ハートなんて曖昧《あいまい》なものはよくわからないし、軸をおけない……そう思われるのは無理はありません。

でも、この本を手に取って、ここまで読んでくださったあなたは「もっと自分らしく生きていきたい」「もっと幸せになりたい」「“自分史上最高ルート”の人生を歩みたい」そんな気持ちがあるはずです。

これまでと同じ基準で毎日を生きていても、変わらず“普通に考えてルート”のまま。

本気でミラクルを体験してみたいなら、人生で大切にする軸を180度変えてみませんか？

それが“自分史上最高ルート”への唯一のチケットなのですから！

魔法を信じるということは、自分を信じること

大前提として、「引き寄せ」は現実世界に対処するのではなく、内面を変えるというアプローチです。

でも、現代社会ではまだまだそんな生き方をしている人は少ないですから、日々普通に生活する中では、「魔法なんてないのが当たり前」の世界観が広がっています。

もちろん「いい気分」の魔法なんて一般的ではないですから、同僚に「私の仕事はいい気分でいることだけなの。そしたらいろんな理想が叶うの」なんて話したら頭がおかしくなったのかと心配されかねません（笑）。

そんな中で**魔法を信じるということは、自分を信じることでもあります。**

世間で一目置かれている人が「こうするべき」と言っているけれど「この人のやり方は、私にはしっくりこないな」と思ったこと。

偉い人が「それはうまくいかないよ」と言ったことでも、自分のハートでは「大丈夫、うまくいくはず」と感じ、とてもワクワクしたこと。

そういった自分のハートの感覚に価値をおいてみること。何かを選ぶときには、世間や他人の声ではなく、ハートが「こっち！」と示すほうを選ぶこと（全てはむずかしいかもしれませんが、なるべくそうすること）。

そして何より目の前に見える現実に翻弄《ほんろう》されず、自分自身で「いい気分」でいられるようにすること。

どんな場面でも、ハートの感覚を一番大切にすることを“本気で”徹底しだしてから、私の人生も「はじめに」で書いたようにめまぐるしく変わっていきました。

だから勇気を出して、今この瞬間から、頭の声や目に見え

る現実よりも、「内側」のパワーを使ってみませんか？

あなたは今何を感じてる？　どうしたい？
「疲れたから寝たいなぁ」
「温かいコーヒーを飲んでホッとしたいなぁ」
「久しぶりにお風呂でのんびりしたい」
「なんとなくお散歩したいな」

そこにたとえ目に見えるメリットがなくても、そういう小さな内側の声とつながっていくことから、とびきり素敵な魔法が始まります！

過去や“茶番”をコピペし続ける私を脱ぎ捨てる

知らないうちに、“自分じゃない誰か”の人生を生きてない？

いやいやいや、そうは言っても急にハートの感覚に価値があるなんて思えない……。

そう思われるかもしれません。

でも、**頭の声って、もっともらしいことを言っているように見えても実は何かの“コピペ”であることがほとんどだったりしませんか？**

たとえば、こんな感じです。

・すごく垢抜けたイケメンを見る→すごくチャラいんだろうなと思う

・将来のことを考える→不況や年金問題で不安になる

条件反射的に、過去の体験や、他人から聞いた話、メディアで目にした情報なんかをもとに物事を見ている状態です。

他にも、

・年齢を重ねると恋愛がむずかしくなるというストーリー
・残業に追われ金曜には愚痴を言うものだというストーリー
・お金を稼ぐには苦労が必要だというストーリー

などなど、世間には誰が言い出したかわからないけれど「常識」のように語られていることが無数にあふれています。

だけどこの「常識」は絶対的なものじゃなくて、それ以外を生きている人も世の中にはごまんといる。

でも今まで見てきたものを全て鵜呑《うの》みにして、不安になったり、どうにかしなきゃと焦るのは、誰かの作った台本を演じているのと同じです。
無意識のうちに、“茶番”に興じさせられているわけです。

なんとなく生きていると、頭の声は望まないものにあふれた“茶番コピペ製造機”になりがちです。

そう、頭の声は「自分の声」と思いきや、「どこの誰だかわからない人の声」の可能性大なんですね！

そんな不確かなものを軸に、人生の選択をまかせてきたなんて……。

そう考えると、目の前の現実に翻弄され「頭」だけでいろんな判断をしているほうが恐ろしいことに感じてきませんか？

“茶番”を見極めるには

では、一体どれが“コピペしてきた茶番”でどれが本当の「自分の声」なのか？

見極め方は簡単。

先の展開を想像したとき、ハートがワクっと反応するかどうかです。

「もうすぐ30歳だから、婚活しといたほうがいいよね……」
「不景気だし、今の会社を辞めないほうがいいよね……」

そんなことを思ったときに、それ以上心がときめいたり、夢がふくらまず、なんとなく「人生こんなもん」「想定の範囲内」「マンネリ」といった印象を受けるとき、それは“コピペしてきたもの”の可能性が高いです。

何かを考えていて、モヤモヤするなぁ、心が晴れないなぁと感じるとき。

望まない台本を演じさせられていないか？　思考をチェックしてみてください。

気づけばその瞬間、「“茶番”をコピペしている私」に気づき、脱ぎ捨てられます。

「世の中はそうかもしれないけど、私はそれを選ばない！」

そこからは、ワクワクする清々しい考えが浮かぶはずです♡

安心は結婚や大企業への就職じゃなく自分のハートの中に

私たちがなぜあらゆる場面で“茶番”をコピペしてきてしまうかというと、実は多くの場合、安心したいから。

「みんなそう言ってるから」「普通に考えたらこう」に乗っかり「なんとなく見通しがつくこと」は、安全に思えるんですよね。

でも、本当の安心は「30歳までに結婚できた」「安定した大手企業に就職できた」といったような状況やストーリーではなく、それぞれの内側・ハートにあります。

なぜならそれは、どんな不況が来ても揺らがない、誰にも奪われないものだからです。
そしてその安心感は、「引き寄せ」の理屈でいうと、それに合った状況も連れてきてくれる。

そう、ホンモノの安心が欲しい場合も、一瞬一瞬ハートをいい気分にして「本来の自分」でいることを心がければいいんですね。
外側の状況に関係なく、安心感は自然と湧き出てくるものです。

「“茶番”をコピペする私」を脱ぎ捨てれば、きっとどれだけ資産を持つより、永久就職するより、ホッとする安心感を感じられる時間が増えますよ♡

「常識や人にどう見られるか？」で選択する私を脱ぎ捨てる

「ふわっと上向き♡」や「しっくり」をチョイス

ハートの感覚は運動神経やファッションセンスのように、日々使うほどに磨かれていきます。

たとえば、朝着替えるときに、
「こっちのワンピース？　うーんこっちのスカート？」
カフェで注文するときに、
「ジャスミンティーにする？　セイロンティーにする？」

こんなふうに、日々の小さな選択の場面で、ちくいち自分の内側の感覚を感じてみるのです。
そしてハートがときめく感じ、気持ちがふわっと上向きになる感じ。
そういった感覚になるほうを尊重していきます。

「でも、この年でこの格好はやばいかな？」
「でも、こっちはカロリー高いからやめたほうがいいかな？」
　最初はそんな頭の声が聞こえてくるかもしれませんが、なるべく自分がいい気分でいられるほうを選んでいきます。
　自分のいい気分の感覚をつかむには、頭でいろいろ考えるよりハートの感覚を日々重視してみるほうが早いのです。

「いちいち注意を払うなんてめんどくさい」と思われる方もいるかもしれませんが、一瞬一瞬の判断でハートの感覚を使うだけなので、全然大変じゃありません。
　むしろ頭でいろいろ考えて選ぶより、感覚で選んだほうが早くてラクなのです。

　そして**いい気分をベースにして、自分のハートの感覚に従って選択していると、どんどん「本来の自分」のいろんなパワーが開花しだし、本当に”自分史上最高”の出来事が、現実に引き寄せられるように展開します♡**

　なかなか信じられない人もいるかもしれないので、私がいい気分とハートの感覚を使うことで、どれだけ「結果オーライ」になってきたか、具体的に並べて書いておきましょう。

Sayaka's story

ハートで選んでいると勝手にうまくいく

①独立したてのときのこと。仕事の取り方を調べると「最初はクラウドソーシングサイトで、地道に実績を増やす」「フリーランスは人脈が命。コミュニティに入ったりいろんな場に顔を出し仕事を紹介してもらう」というのがほとんどでした。でも私は実績も人脈もないし、努力は続かないし、毎日人に会うと疲れるタイプ。さらにはおこがましいことに「“ゆるリッチ”に働く」アイデアにハートがときめいたので、模範的なことは思いきって何もしないことにしました。とにかくいい気分でいて、ピンときたことやワクっとしたことがあったときにだけ行動しました。

結果、単価が高い状態からスタートを切れ1年目の後半には週の半分だけ働き、月収100万円の“ゆるリッチ”生活に。

②ふと「電子書籍を作ろう！」と思った際のこと。作ることにはワクワクしたものの、ネットや本で言われている「こんなふうに作ったら売れる！」「こういう電子書籍は売れない」といったセオリーにときめきませんでした。「セオリー

に従わないと結局誰にも読まれず無駄になるかも」と頭では考えながらも、思いきってハートの感覚を優先。ワクワク感を大切に素材や紹介ページを作りました。

結果、じわじわと話題になり、半年後には出版のお話をいただき本を出す運びに。

③ブログを始めたばかりの頃のこと。誰かに見てもらいたくてアクセス数を増やすための本を読むと「顔出しをする。自分にキャッチコピーをつける。全てのSNSを毎日定時更新する」といったことが書かれていました。やってみようとしたもののどうしてもいい気分からブレる気がしてあきらめました。

結果、「Sayaka.さんの発信にはビジネス感がない」と好評をいただくように。今ではたくさんの方が読んでくださり、感想のメールまでいただけるようになりました。

世の中の情報で自分がピンとくるものは取り入れますが、そうじゃないものは思いきって捨てる。
「世間の常識や、人からどう思われるかを気にする私」が顔を出すたび、脱ぎ捨てていきました。

そうして自分のいい気分の感覚を頼りにすることで、ふわっふわっと花びらが軽く舞うように、自分が心地よいペースで“自分史上最高”の「理想」が引き寄せられていきました。
「なぜかわからないけど、うまくいく」という感じです。

「本来の自分」であることを大切にして約４年。いつだって「結果を出すために」嫌な気分でがまんしてやったことはほとんどありません。

たとえ、そこまでワクワクしない選択肢の中から選ばないといけない場合でも、その瞬間できるだけ自分のハートが喜ぶものを選んできました。

そう、理想を叶えるにあたって、あなたのお仕事は、本来の自分自身でいることだけです。

そのうえで、何かを選択するときには、ハートを優先。
「人にどう思われる？」「世間体的にどうかな？」そんな基準で選択をする“賢い”自分は脱ぎ捨ててOKです。

叶えるための手はずは、あなた専属の超優秀なコンサルタントがちゃんと整えてくれているので安心してください♡

「“自分”に価値をおけない」私を脱ぎ捨てる

“私もみんなもVIP”な世界が本当

自分のハートを一番優先していたら、ものすごいわがままになってしまうんじゃないか？　人から嫌われたり、まともな社会生活が送れなくなってしまうかも……。

そんなふうに心配になるかもしれません。
私も実践し始めるとき、そこはすごく心配でした。

でもそういう私も脱ぎ捨てて、ハートを優先してみました。
実際にやってみるとわかるのですが、心配しているようなことには全くなりません。
むしろ、**以前よりも他人の気持ちを大事にできるようになり、何も心がけていないのに人間関係がぐっと円滑になりました。**

「本来の自分」に価値をおくことは、自分自身を世界の中で唯一無二のVIPな存在として扱うこととも言えます。

それを徹底していると、他人のことも同じ視点で見られるようになってきます。

自分と同じく、相手もVIPな存在として接することができるようになるんですね。

私もみんなもVIP。

それぞれがそのままでユニークな価値を持つ存在。

みんなの世界ではみんなが、私の世界では私が主人公だから、自分を一番幸せにしてあげていい。

こんなふうに全くがんばらなくても、勝手に他人を大切にしつつ、自分を主人公として一番大切にしながら、自分の人生を生きることができるようになります。

だから、「自分を大事にしたら他人から嫌われる」。そんな私は脱ぎ捨てて大丈夫！

幸せな人間関係や新しい出会いだって、がんばって作り上げようとしなくても「本来のあなた」の状態が勝手に引き寄せてくれるものです♡

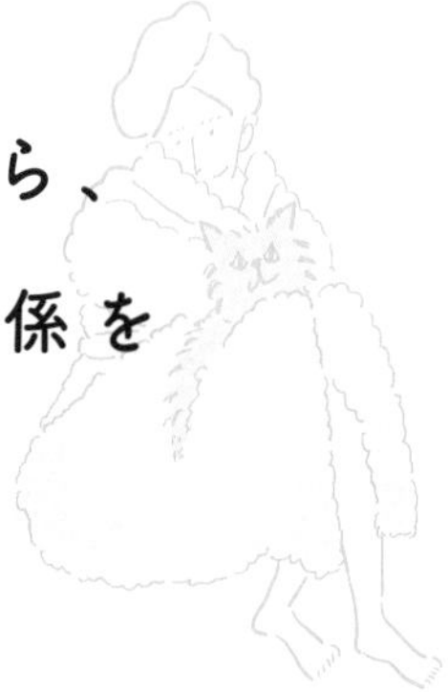

人間関係に悩んだら、いつでも自分との関係を見直そう

今日から自分を、うんとVIPに扱おう♡

そう、自分のハートを一番に優先したら、社会や人間関係で調和が取れなくなると思いきや全く逆で、むしろそのほうが円滑になるんですね。

つまり、**恋愛でも友人でも仕事でも、人間関係やパートナーシップをうまくいかせたければ、自分との関係だけを見直せばいいのです！**

なぜなら、内面＝現実が前提なので、「自分が自分自身に対してどう思っているのか」がそのまま現実の人間関係にも反映されるからです。

なので、優しい人間関係を築きたければ、自分にうんと優しくしてあげること♡

心から愛されたいと願うなら、自分を心から大切に愛すること。

頭の中で人と比べて自分をジャッジしたり、責めたり、卑下したりするのをやめる。

食べるものや飲み物を選ぶときには、自分のハートの感覚を尊重してあげる。

仕事をどうしても休みたいなら休めばいいし、１人で映画を見に行きたいなら見に行く。

こんなふうに、自分自身をVIPとして、大切に扱うのです。

そうして自分自身との関係がうまくいっていれば、ひょんなことから素敵な新しい出会いに恵まれたり、どこに行っても店員さんや取引先などにびっくりするほど優しくされたり、ふだん接する人もなんだか“いい感じ”になったり……人間関係がしっかり変わっていきます。

私自身、以前は苦手な人が多かったり、気を遣いすぎてヘトヘトになったり、人の反応にピリピリしたり、人間関係に悩むことが多かったのですが、自分のハートの声を一番大切にするようになってから一変しました。

なんとなく合わないなと思っていた人が自然な流れで疎遠

になったり、苦手だった人と急に打ち解けて仲良くなったり。

そうして気づいたときには、苦手な人や気が重くなる予定が人生からなくなっていました。

その代わり、以前の何倍も自分との関係が深くなって、映画だって焼肉だって「行きたい！」と思ったらワクワクしながら１人きりで行けるようになっていました。

いい気分でいることを他人に依存しなくなったら、他人との関係がいい気分になったのです。

なので、「素敵な友達が欲しい」とか「彼にもっと私を大切にしてほしい」とか人間関係やパートナーシップで悩むことがあれば、誰かに何かを求めるより、自分との関係“だけ”を見直してみるのがおすすめです。

ある本で読んだフレーズに私の好きな言葉があります。

「最高のあなたに会いたい人や場所が、あなたを待っている」

「自分に価値をおけない私」を脱ぎ捨て、本来のあなたに価値をおくことを始めてみたなら、きっと同じように唯一無二の VIP と思い合える人達と、現実でめぐり会えます♡

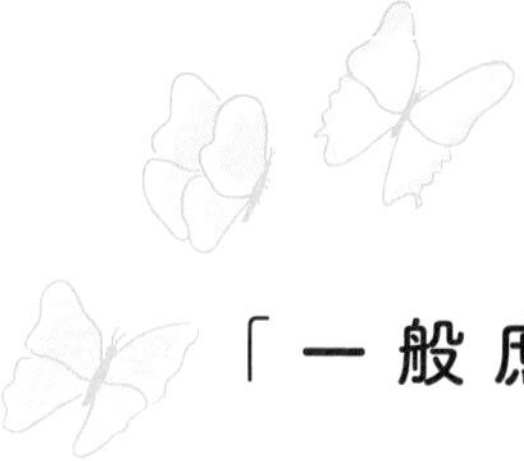

「一般庶民の普通な私」を脱ぎ捨てる

簡単に「好きなものを好きなだけ♡」を体験する裏技

「本来の自分」の感覚って制限がない感覚。
　赤ちゃんのような状態ですから、世間や他人の目、損得勘定から解放されている感覚です。

　それぞれがVIPなのですから、本来みんながそれを感じていていいはずです。

「でもでも、それってお金と時間がたっぷり手に入ったセレブにでもならないと現実問題体験できないでしょ」
「一般庶民の普通な私には無理……」

　そんなふうに主役として人生を生きられる気がしない。そう思われますか？

そんな方におすすめな、超簡単に「一般庶民の普通な私」の感覚を全て脱ぎ捨てて「ラッキー引き寄せ磁石」の在り方を体感できる方法があります！

やり方は本当に簡単で、多くの人は15分以内にできるでしょう♡

それは……。

好きなコンビニで、なんでも食べたいものを好きなだけ買うだけ。

手順は次の通りです。

今すぐVIPを体験する裏技

1，「今日はなんでも好きなもの買ってOK！」と自分に許可を出します

2，自分の直感に従い「あ、これ食べたいな」と感じるものをどんどんカゴに入れていきます

本当になんでも！　好きなだけ！　がポイントです。

カロリー、値段、罪悪感、ぜんぶ無視してOK。

シュークリームも、カップラーメンも、ポテトチップスも、ふだん我慢しているものでもなんでもOKです。

（もちろん無理はせず、自分のおなかと相談しながらで♡）

3，ワクっ♡ とする感覚に従ってどんどんお買い物をしたら、好きなだけ美味しくいただきましょう！

明日の仕事のことなんかは一切考えず、「ん〜〜美味しい♡ こんなに美味しいものがこんなに手軽に食べられるなんてすごい♡ 幸せ！」という幸福感を大げさなくらいに感じながら食べるとGOODです。

4，その「幸せ〜〜〜♡」というモードで、ふと浮かぶやりたいことをやりましょう

好きなバラエティを見る、本を読む、ネイルを塗る、なんでもOKです。

以上です。とっても簡単なのに、想像しただけでワクワクしてきませんか？♡

全て脱ぎ捨てた感覚のインプットでミラクルが起こりだす

この裏技の何がよいかというと、私たちがふだん悩みがちな「お金、健康、美容、他人からの目」にまつわる常識をぜんぶ無視できる点です。
一時的にでも、自分のハートの感覚や直感を何よりも優先させてあげる状態になれるんですね。

そして大切なのは、このときの感覚をしっかり感じ、自分の中にインプットしておくことです。
一度その軽〜い感覚を味わうことができると、それを思い出してふだんから引っ張り出せるようになる。
つまり、「本来の自分」の状態を思い出しやすくなり、ブレに気づきやすくなるんですね。

私はまだ独立したてのお金がない頃から、極たまにやってきましたが、集中してやれば世界一ハッピーなセレブになった気持ちになれました。
（そして後々味わうことになる、ラグジュアリーホテルのクラブラウンジのビュッフェで「食べ放題」「飲み放題」を楽しむ感覚は、この方法で感じていた感覚と同じ。つまりこんな体験を実際に「引き寄せ」られるようになるはずです♡）

鎧を全て脱ぎ捨てた「本来の自分」の感覚を感じるのがなかなかむずかしい場合、定期的にこの取り組みをして感覚をつかむのもおすすめです。今にミラクルが起こりだしますよ！

少しずつVIPの感覚をインプットしていこう

私たちが抱える問題やストレスの多くが、対人関係やお金のトラウマ、嫌な思い出に起因する場合が多いですよね。

だからまじめで“常識人”な方や、他人に優しく繊細な方ほど、悩みやストレスを抱えることも多くなると思います。

そんな方ほど、ぜひこのやり方を試してみてほしいです！

ポイントは、お金、常識、トラウマ、過去、将来、他人。
そういった現実的なもののことを一切考えないこと。

「ただ今、やりたいからやる」「ただ今、私のハートが喜ぶからこれを選ぶ」「ただ今、自分をいい気分でいさせてあげるためだけに買い物をする」。

この瞬間はそれだけを世界のルールにするのです。

この時間だけでも、「一般庶民の普通な私」を脱ぎ捨てる許可を出してみるのです！

そうやって一時的にでも、何も制限がないVIPな感覚を味わってみる。

すると、仕事やファッションや明日の予定もこんなふうに選べたらどんなにラクで楽しいだろう？

そんなふうに、ワクっとする未来のイメージがふと頭に浮かんだりするはずです♡

ちなみに、どうしてコンビニかというと、品揃え抜群で、お手頃価格で、誰でもいつでも「これが欲しい！」と思えるものが１つはあるようにできているからです。

「コンビニではふだんからよく好きなものを買っているから新鮮味がない」という方は、100均や300円ショップでやるのもおすすめです。

少し値は張りますが文具屋さんでやってみるのでもいいと思います。

私もやってみて、なかなかよかったですよ♡

「脱ぎ捨てられない」と悩んだり、なんか最近イマイチいいことないな〜というとき、ぜひお試しください。

少しずつVIPな感覚をインプットしていきましょう♡

「本来の自分」を思い出す5ステップ

楽しみながら感覚を思い出そう♪

「いい気分」を心がけていると、最強の引き寄せ磁石である「本来のあなた」の感覚はだんだんと強固になっていきます。

ときに悪い気分になっても、乱れた髪を直すようにいい気分に戻れたり、重い感情でもちゃんと自分とコミュニケーションをとってデトックスできたりするようになります。

が、最初のうちは「本来の自分」を思い出すのに環境やものを活用し、以下のステップを踏んでみるのもおすすめです。

「本来の自分」を思い出す5ステップ

1，1人でゆっくりできて、安心できる場所へ行きます

ベッドやソファの上などくつろげるところ。

2，ホッとできるアイテムや好きなものを用意します

ブランケットや温かい飲み物、ぬいぐるみ、大好きなお菓子などなんでもOK。子どもの頃、自分だけの秘密基地を作ったような感覚で、童心に返ってやってみてください。

3，2で選んだ好きなものに囲まれて、ただぼーっとします

Point. このとき不安や心配事などの思考は完全に無視。目の前のものや自分のハートの心地・内面の声だけに注目する。

4，マイナス思考が落ち着き、いい気分になってきたら以下のことをしてみます

＊スマホに自分の琴線に触れる画像を保存する

＊ノートに好きなこと、ワクワクすることをリストアップしてみる

たとえば、仕事、お金、恋人、ライフスタイル、人間関係、家、健康などなど「こうなったらいいな♪」という理想。自分が好きな雰囲気、空間、人、もの。その特徴など。

Point. 制限は設けずに、ただキュンとしたりワクワクする気持ちのままに、楽しみながら書いていきましょう。

5，好きなものに囲まれて、理想の世界に浸り、キュンとす

る感じやワクワクする感覚を安心して味わいます

これが「本来の自分」の感覚です!

このハートの感覚を覚えておいてくださいね。

飽きるまでやったら、おしまいです。

迷ったらここに戻ればOK

この5ステップの目的は「本来の自分」の感覚を思い出すことです。「いい気分ってよくわからない……」と悩むときには、ここに立ち返ってみてください。

この感覚は"スキル"というよりは"センス"。

繰り返し使ってみるだけでだんだんとつかめてきます。

慣れてくると、ベッドやお菓子やときめく画像がなくても、どこでもこの感覚を引っ張り出せるようになります。

そうすると本当に不思議なのですが、現実にも、ときめいたりワクワクできたり、「本来の自分」の感覚にふさわしい出来事が勝手に引き寄せられ始めます♡

ただ、「何かを叶えるために」という目的でやろうとすると感覚をつかみづらくなるので注意です(焦りやプレッシャーで「悪い気分」になるからです)。

この感覚をただ味わう気持ちでやってみてくださいね♡

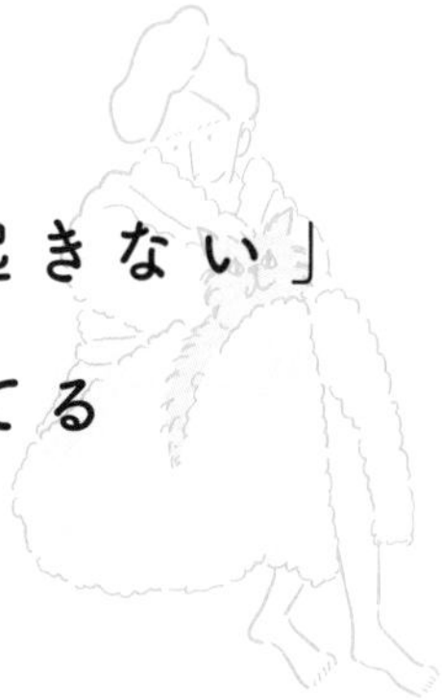

「どうせミラクルなんて起きない」と思う私を脱ぎ捨てる

ミラクルの定義を見直そう♡

「試しにいい気分でいてみたけど、今日はミラクルなんて起きなかった」「いついいことあるの？」「やっぱり嘘なんじゃない？」

やってみたものの、すぐに目に見えた「変化」が見えないと、こんなふうにくじけそうになってしまいますよね。

ですが、引き寄せの法則は、「内面が現実を作る」というのが前提でした。

自分の内側を昨日までの毎日と変えたなら「ミラクル」が全く起こらないわけがないんです。

「ミラクルが起こる」というと、たとえば「知らない人から100 万円をもらう」「憧れの芸能人と電撃結婚」のような“ありえないくらい大きな幸運”を想像する人が多いと思います。

だから、大きな出来事がないと「やっぱり私の人生には奇跡なんて起こらない……」というマイナスな考えに陥ってしまったりするんですね。

これは内面が現実化する「引き寄せ」的には逆効果です。

ミラクルって、ありえないような大きな幸運だけではないはずです。
「これまでの毎日には起こらなかった少し不思議な出来事」は、どんなに小さいことでもミラクルです。

それは「ずっとソリが合わなかった上司と、なぜか急にスイーツの話で意気投合して仲良くなった」ことかもしれないし「よく行くカフェの店員さんがなぜか初めて話しかけてくれて、心地のよい会話ができた」ことかもしれないし、「電車に乗ったらいつもは座れないのに、タイミングよく席が空いた」ことかもしれない。

そんな、**「たまたまでしょ」と見逃してしまうような小さなラッキーも、実は引き寄せている現実が変わった証拠なんですね。**

内面が変わっていれば、こんなふうに「いつもなら起こらない」「普通に考えたら可能性が低い」と頭で思うようなことが、何かしら必ず起こっているはずです。

そのことを念頭に置いて、小さな不思議を見逃さず、ミラクルの風を感じてみてください。

現実の微妙な風向きの変化を感じられるようになると、きっと、「あれ？　内面を変えたら、何か現実が変わったかも……？」と思えてきます。

そうすると、「本当に変わってる！」と自分の内面のパワーをもっと信頼できるようになり、現実に反応して右往左往することがなくなります。

現実を変えたければ、自分自身の内面を見直したほうが早いと、実体験から心底理解できるからです！

ですから、“まともな大人”になる中でまとってきた「ミラクルなんて起こらない」と思う自分は脱ぎ捨てて。

「本来の私」を大切に、どんなふうに世界が変わっていくか、ワクワク楽しみながら過ごしていきましょう♪

流れ星のようにミラクルが降りそそぐ毎日へ

ここが感覚的に腑《ふ》に落ちると、より簡単に「いい気分＝本来の自分」でいられるようになります。常識的で現実的な頭の声が、「あれ？　ひょっとして今までの私が間違ってたかも？」と歩み寄ってきてくれるようになるからです。

結果として、毎日の中に流れ星のように様々なミラクルが降りそそぐようになります。

あなたがカフェに出かけるといい席が空く。車の駐車場がタイミングよく空く。臨時収入が入る。ずっと連絡のなかった友達から連絡が来る。メールボックスに憧れのオファーが届く……。

なかにはちゃんと、びっくりするようなどでかいものも含まれています！

そうしてもっともっと、「本来の自分を大切にしたらどんな現実になるか見てみたい！　“魔法”でいろんなことを味わってみたい！」と、自分の人生に熱中できるようになっていくはずです。

「普通に考えてこうなる」にとらわれる私を脱ぎ捨てる

“普通に考えてルート”は安心できるけど……

さて、第１章でお伝えした通り、この本で叶うのは“自分史上最高ルート”の人生です。

一方その対極にあるのが“普通に考えてルート”です。

これは世の中の多くの人が考えている「普通に考えたらこうなるでしょ」といった常識が並ぶルート。

人と違うことをしたら、失敗する。

安定した仕事についたほうがいい。

20代のうちに結婚しておいたほうがいい。

そんな、「当たり前」かのように語られていること。

内面が現実になるのが引き寄せなので、望むと望まざるとにかかわらず、それを信じていると、やがてその通りの結果になっていきます。

「ほらね、やっぱり新しいことに挑戦するのって危ないんだ」
「先の見えない仕事はやっぱりうまくいかない」
「30歳を超えたらやっぱり婚活で苦戦するよね」
こんな現実が現れてきます。
ワクワクやときめきはありませんが、まわりのみんなもそうだし、メディアでも言われていることだから、「ほらね」「これが普通だから」「思った通り」と束の間安心できたりします。

でも、一度立ち止まって冷静に考えてみてください。

“普通に考えてルート”って一体なんなんだろう?
「みんな」って一体誰なんだろう?
みんながそうなら、自分も必ずそうなるの?
多くの人がそうなるなら、自分も必ずそうなるの?

「普通に考えてこうだよね」という常識を信じているのは、シンプルに「マス意識」や「同調圧力」に引っ張られている

に過ぎません。

つまり、「本来の自分」からは、ブレている状態。

意図せず“普通に考えてルート”を叶え続けているんですね。

「叶って当たり前」が本当

「本来の自分」ではないものは全て脱ぎ捨てることができます。

ということは、「普通に考えてこうなる」にとらわれている自分だって、脱ぎ捨てることができるのです。

もしも、「普通に考えたらこうなる」なんて、ただ多くの人が抱いている幻想だったとしたら？

もしも、「引き寄せ」が本当にあって、この人生で“自分史上最高ルート”が叶えられるのだとしたら？

つまり、自分の体験したいことは「叶って当たり前」の世界なのだとしたら？

どんなことを体験したい？

どんな感覚を味わいたい？

そんなふうに考えると、ハートがワクっとしませんか？
それは「本来の自分」の考えと合っている証拠です。

私にとってそれがベストなことなら、叶うのが当たり前。
「本来の私」でいたら、そう遠くない日に運ばれてくる。
もしくは、私の頭に浮かばないようなもっといいことが♡

「普通に考えて」なんて、自ら進んで制限の中で考えることはやめにして、脱ぎ捨ててしまえばいいのです。

いつでも心をときめかせて、子どもの頃みたいな純粋な気持ちで、「こうなったらいいな♡」という夢や理想を描く。

それがあなたを一番幸せにしてくれるものであれば、優秀なコンサルタントがきっとすでに手配済みですよ♡

「環境を変えないと変化は起きない」と思う私を脱ぎ捨てる

幸せになるには環境を変えるしかない？

「Sayaka. さんは仕事と人間関係を変えたから、ミラクルが起こったんじゃないですか？」
「これまでと同じ環境でいい気分になったところで、何も変わらないんじゃ……」
“自分史上最高ルート”に乗るためには、仕事を辞めないといけない？　人間関係を総入れ替えしないといけない？　家を引っ越さなきゃいけない？

……そんなふうに考えちゃう人は、多いのかもしれません。

たしかに私は最初、嫌な仕事やマンネリ彼氏などを断ち切り、好きなことやワクワクすることにだけ時間と労力を注ぐようになって、みるみる“自分史上最高”が引き寄せられてきました。

　それも1つの手ですが、**行動で世界を変えようとしなくても、世界が自分仕様に勝手に変わっていくのがこの本でお伝えしたい「引き寄せの魔法」です。**

　そう、現実のほうが“空気を読んで”こっちに合わせてくれるのですね♡

「でも、環境を変えずに内面が変わるだけでどんなふうに変わっていくの？」と想像がつかない人もいるかと思います。

「環境を変えないと変化は起きないと思う自分」を脱ぎ捨てられた私の実体験があるので、お話ししていきますね。

Sayaka's story

ハマった戦国ゲームの世界が現実に!?

　突然ですが、「イケメン戦国」というゲームをご存じでしょうか？

　血気盛んな戦国武将たちが天下統一するのを、女性として陰から支えてアシストするというストーリーのゲームです。

ふだんゲームをしない私がなぜかそれにはとてもハマり、「あ――！　一瞬だけでもいい、戦国時代にタイムスリップしてこんな体験をしたい！」とベッドでゴロゴロ転がりながら強く願ったことがありました（笑）。

有能な武将たちを陰から応援し支える――。

血気盛んな男性たちに、ときにドキドキしながら、自分にできることをして伴走していく――。

頼る。アシストする。サポートする。隣でやわらかくいる。

独立してから気づかないうちに自分が忘れていた、やわらかな女性らしさを楽しむことを、活力あふれるイケメン戦国武将たちが思い出させてくれた気がしました。

だけど時代は令和。

女性だってサポートなんかじゃなく肩を並べてバリバリ働くことが求められます。

男性も「草食系」の優しい感じの人が多いし、今どき戦国武将ほどの血気盛んな人はいないというのが私の常識でした。

現代でそういう体験が叶うとすれば、体育会系の部活のマネージャーになるくらいしか道はないように思えました。

でももういい年なので、そんなことも叶わない。頭で「普通に考えると」、そんな結論に至ります。

また、私はふだんweb制作進行や編集・ライティングを請け負うフリーランスとして働いています。

大きな会社の社長でもなく、企業からお仕事をいただく側なので、自分で仕事の環境を決められるわけではありません。

そんなこともあり、当時は理想の恋人や条件のよい仕事といった「引き寄せ」を体験していましたが、これぱっかりはタイムスリップしないと現実にならない願いだな……さすがに「引き寄せの魔法」でも時空は超えられなそう……とあきらめていました。

全く別の話ですが、ちょうど同じ頃、私の中には、企業から仕事を請け負う形じゃなく「自分のビジネスを持ったりもしてみたいな」「自分で商品を作ったりしてみたいな」というワクっとする理想も芽生えていました。

だけどどこか気乗りせず、「こういうときに環境を変えず、どこまで“いい気分”の魔法が世界を変えてくれるのか知りたい」、そんな好奇心がありました。

なので、特に自分から行動はせず、ただただ「いい気分」で日々を過ごしていました。

（そのうちイケメン戦国のことは、忘れていました）

そして半年ほど経ったある日。

仕事内容などはときめくわけではないけれど、ちょうどキャパシティが空いていたのと、なぜか「やろう」と直感的に思い、請けることになったプロジェクトがありました。

それがなんと、夢見ていた「イケメン戦国」そのままの環境だったのです（笑）!!

具体的には、たまたま「イケメン戦国」と同じように12名ほどの男性たちの中に紅一点というポジション。

しかもみんな驚くほどに仕事好きで、ビジネスの特性的にもベンチャー気質。

全員が緊張感を持って真剣に熱論を交わす場面は、まさにイケメン戦国の、戦の雰囲気そのものでした。

過去の私ならここで「対等に張り合えるようにならないと」などと考えて意気込んだのでしょうが、「イケメン戦国」でイメトレをしていた私は、「一歩引く」「アシストする」ような体験を実際に楽しみたいと思い、そのように振る舞いました。

すると結果として、「とても助かる」とプロジェクト側にも喜んでもらえて、ご縁の長く続くお取引先の１つになりました。

この体験は、本当に言葉で的確にお伝えするのがむずかしくもどかしいのですが、仕事をしている間も「イケメン戦国をプレイしていたときに体験していた感覚とぴったり！」なのです（笑）。

――現実に叶えるのは無理だとあきらめて、叶えるために何も動いていなかったのに、勝手に世界が理想を叶えてくれた♡

これを機に私の「引き寄せ」への信頼が、また一段と熱くなったのでした。

環境を変えなくても、本当に現実が"空気を読んで"くれる

「え〜！　でも、Sayaka. さんは今会社員じゃないし、私の環境とはちょっと違うかも」
「大変な環境でも、気分を変えるだけで本当に現実が変わるの〜？」

さらにそんなふうに疑う気持ちが出てくる方に、ぜひお伝えしたいお話があります！

私は趣味でミラクル体験をシェアする掲示板コミュニティ「くろねこ倶楽部」（無料）を運営しているのですが、それを立ち上げ初期から支えてくださっているいろいろな「引き寄せ体験」をお持ちの副会長さんがいます。

その方は一般会社員なのですが、「大変な環境で内面を変えたら現実が変わるのか？」の実験をされたので、その体験談をご紹介しますね！

環境を変えなくても、本当に現実が“空気を読んで”くれるんだ、とおわかりいただけるかと思います♡

Story

大変な職場環境が短期間で激変した！

昨年末から1年間、あえて今までにない厳しい環境で働くチャレンジをしてみました。

想像以上の多忙さと、シビアな人間関係に揉まれながらも心の声に耳を傾け、心を満たし続けました。

あまりの大変さに心を満たすことを忘れることがありつつも、気づくたびに自分を取り戻すようにしていたら、短期間でたくさんのミラクルが起こりました！

具体的には以下のような形です。

叶ったミラクル

＊入社3ヶ月目で年収が100万円以上アップした
＊職場で言動に問題がある人が異動した
＊もう1人の言動に問題がある人の態度がガラッと変わり、明るく頼れる人になった
＊支社長から私だけ「働きたい部署や職種を選んでいいよ」と言ってもらえた

それから、あえて異動先の部署や職種を聞かずに異動するチャレンジをしてみました。

その先でも朝から不機嫌なベテランさんや、仕事はできるけど気分の浮き沈みが激しく、コミュニケーションがむずかしい人などがいましたが、心を満たしていたら以下のように変わっていきました！

叶ったミラクル②

＊朝から不機嫌だったベテランさんは、朝から上機嫌で意欲的に仕事をする素敵な先輩に

＊気分の浮き沈みが激しい人は、新たな仕事をまかされ、仕事に前向きに取り組む素晴らしい先輩に

そして、ちょっと苦手だったサブリーダーとはある日突然関わりがなくなり、一緒に仕事をするのが楽しいメンバーとだけ仕事ができるようになり、存分に集中することができました。

これらのミラクルを体験し、自分を満たし続けているだけで本当に、収入・人間関係・仕事内容でもなんでも、全て満

たされた現実に変わっていくのだと確信しました。

大変な中、どんなふうに「いい気分」を保ったのかですが、環境の良し悪しに関係なく「いい気分を保ち続ける」ことはむずかしいので、**一瞬でも気持ちがゆるむこと、ホッとすること、ふわっとした気持ちになれる機会をコツコツ増やしました。**

誰しも何か１つは「これがあればいい気分になれるよ！」というものがあると思います。

私の場合は、

・美味しいコーヒーを飲む
・美しいものを見る（景色や星空など。動画でも OK）
・五感を意識する

などがそれにあたり、特に五感を意識するのはお手軽かつ効果てきめんだと感じています。

頭の中を忙しく働かせるのを休んで、風や空気を感じたり、まわりの音に耳を傾けてみたり、香りや味を楽しんだりすると、自分の芯の部分から、静かだけど確固としたパワーや前向きさが取り戻せる感じがします。

また、退勤後や休日など、時間がとれるときには心の声を可能な限り叶えるようにしていました。

「今日は早く帰りたい」「しっかり休みたい」「○○がやってみたい」などの声を無視せず、なるべく叶えるようにすると心が満たされるので、心の声を大切にするようにしていました。

現実はとびきり甘くて優しい♡

いかがでしょうか？

「くろねこ倶楽部」の掲示板や私のブログやYouTubeへのご報告では、こんなふうに環境を変えずに「ミラクル」を体験した方がたくさんいらっしゃいます！

今職場の環境が最悪で、でも転職は考えられない……。

今家族の仲が最悪で、でも引っ越しは考えられない……。

そんな場合も、大丈夫♡

嫌なことをぜんぶやめるとか、「行動で現実を変えること」はやってもいいけどやらなくてもいい。

望まない現実が目の前にあったとしても、今からできる限り自分をいい気分でいさせていれば、現実が“空気を読んで”いい気分でいられるものに変わり始めます！

ですから、「環境を変えないと変化は起きない」「私の人生では引き寄せは無理」と思う私は脱ぎ捨てて。

できる限り自分をいい気分にして過ごしてみてください。

怖い顔をしていたはずの現実が、“空気を読んで”とびきり甘くて優しい笑顔を向けてくれるようになるはずです♡

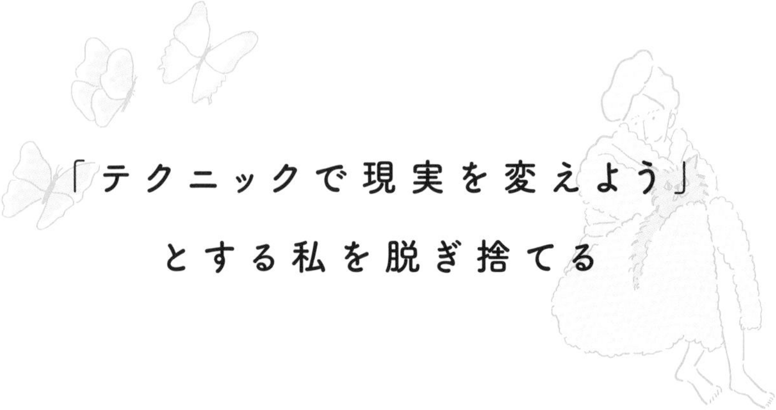

「テクニックで現実を変えよう」とする私を脱ぎ捨てる

シンプルの徹底こそが“ミラクル引き寄せ”一番の近道

ここまで読んでいただいて、いかがでしょうか？

なんとなく、大人になる中で身につけてきた鎧を脱ぎ捨てた「本来の自分」の感覚がつかめてきましたか？

なぜかわからないけど、今までよりも心がふわっと軽い感覚。

いつでも心の中のオアシスとつながっているような感覚……。

モヤモヤしたりどんよりしたり、何か引っかかる感じがないのであれば、それが「いい気分＝本来の自分」の感覚と思って OK です。

その感覚を、どれだけ日々の中で感じられるか。

余計なものを脱ぎ捨て、どれだけ「本来の自分」のパワーを制限しない状態でいられるか。

これが"自分史上最高ルート"の引き寄せの全てです!

「えー!　それだけ?　もっとすごい方法が知りたい」「もっと早く叶える方法を教えてよ〜!」、そう思われるでしょうか?

でも、**一番シンプルなこの1点の徹底こそが、最強に効率的で効果的な成功哲学。"ミラクル引き寄せ"への一番の近道なのです。**

理想の恋人、夢に見たお仕事、うっとりするような暮らし……それら全てを叶えたければ、とにかく自分のハートの声を聞いて「いい気分」でいてみること。

実際、私は本当にそれを徹底するだけで、「はじめに」に書いたような理想を叶え続けてきました。

ハウツーや知識より、自分の感覚が大切

私たちは、シンプルなことよりも複雑なことを「すごいもの」ととらえ、もっとむずかしいことをしたい!　と思って

しまいがちです。

それどころか、「それをクリアしないと理想は叶わない」という重い鎧を自ら着込んでしまいます。

多くの人が同じことを考えるからか、ほとんどの人が一番大切なはずの基本をいつの間にか忘れてしまいます。

そして、理想の恋人を、お金を、現実にもたらすためのハウツーやテクニックを探し続けてしまったりするのです。

でも、“自分史上最高”が引き寄せられる、最強の引き寄せ磁石の状態は……？

何の制限もない「本来の自分」の状態でしたよね♡

ですから、「むずかしいテクニックで現実を変えよう」とがんばる私は脱ぎ捨てて。

「私が“幸せになるために”すべきお仕事は、いい気分でいること（＝本来の自分でいること）だけでいい」

それ以外、“幸せになるために”やるべきことはなにもない。

そうすると、自分にとっての理想やそれ以上のミラクルは、ベストタイミングで「引き寄せ」られてくる♡

この在り方を徹底するのが、一番近道なんですね。

そう考えると、ふわっと、心がラクになりませんか？

そんなふうに、勝手に温泉のように湧き出る解放されたような、スカッとした感覚こそが叶えるカギです♡

世の中に「幸せになる方法」はあふれていますが、その多くを分析してみると、結局「いい気分」でいるために提唱されていることだったりします。

ですから「いい気分」に集中することは、幸せになるための本質的な「核」に全力でエネルギーを注ぐことになります。

結果として、いろんなハウツーに手を出すよりも、現実が変化するスピードが速くなります。

私自身、5年間いろんな成功哲学本を読み漁ってきましたが、この1点に集中したことで、“自分史上最高ルート”にスムーズに乗れたと実感しています♡

なので、「今よりもっと幸せになりたい」と願うなら、ハートの感覚を軸に、「いい気分＝本来の自分」でいることを一番大事にしてみてください。

気づいたときにはきっと、山のような幸運が“現実に”届いていますよ♡

第3章

自分と深くつながるほど、
オリジナルな世界が
現れてくる！

もっと自分と
コミュニケーションを
とってみよう

自分と深くつながるほど、好みの世界が受け取れる♡

前章までで、魔法を使う基本がわかってもらえたかと思います。

“自分史上最高ルート”を行くためのハウツーとしては、それが全てになります！

それをふまえたうえで、**自分とコミュニケーションをとり、深く自分とつながっておくことで、よりラクに効果的にこの魔法が使えるようになると実感しています。**

船のいかりを深く海に降ろしておけば、大きな波が来ても船が流されないですよね。

それと同じで、深く自分とつながっていれば、今までの人生で起こらなかった大きなミラクルが届いても、大不況が来ても、現実に翻弄されず「いい気分＝本来の自分」の感覚を見失わずにいられるのです。

そうして今まで体験したことがないけれど、実は自分好みという体験も、あまり怖がらずに受け取れるようになっていきます♡

ということでここからは、自分とコミュニケーションをとって深くつながりながら、“自分史上最高ルート”の世界をどんどん引き寄せていくポイントをお伝えしていきますね。

これから詳しくお話ししていきますが、自分を知って深くつながっていくことは、心のデトックスでもありますよ♡

読み終わる頃には、どっしりした安定感と、スッキリした気持ちが満ちているはず！

そして、さらに引き寄せ上手になっているはずです♡

「ポジティブシンキング」と「いい気分」は全然違う

いつだって自分に正直でいよう

さて、前章でお伝えしたハートの感覚を使うことと似ていますが、「自分の本音」を聞くことも引き寄せでは大切です。

これが「自分と深くつながる」ということ。

私もいつも肝に銘じておきたいことです。

なので、似通った話が多くてしつこいと思われるかもしれませんが、もう少し詳しくお話しさせてください。

たとえば、「ハートがワクワクする！」と思って始めた好きなことでも、続けていく中で心の奥底では「疲れた」「もうやりたくないかも」と思うことはありませんか？

こんなとき、自分の腹の底の声に蓋《ふた》をして、「いい気分でいないと」「ワクワクを感じていた好きなことなんだから続けないと！」などと思うと、少しずつ「いい気分」からはズレていってしまいます。

そうして自分の本音を見ないふりしていたら、これからどうなっていきたいかという望みや、何にいい気分を感じて、何に嫌な気分を感じて、どれが本来の自分で、そうじゃないのかも何もわからなくなる。

これでは泥酔状態で自転車に乗っているようなもの。

優秀なコンサルタントですら「まずはお水を飲んでお休みください（汗）」状態なのです。

ですから、自分の本音を聞いて、自分に正直でいることはとても大切なんですね。

「自分の腹の底の声を聞く」というと、友達にずっと我慢していた嫌いなところをぶちまけるとか、思いきったことをしなきゃいけないと思う方もいるかもしれませんが、そういうことではありません。

行動云々ではなく、今この瞬間、自分自身が腹の底で感じ

ていることを”正確に解釈できる”ことが大切です。

誰よりも自分自身が、自分のことを本当にわかってくれている。いつでもきちんと耳を傾けてくれる。それはとても安心感がある「いい気分」な状態です。

「嫌な気分」にも蓋をしないのが「いい気分」

そう、「いい気分でいましょう」と言うと、よく「ポジティブになること」と思われたりしますが、それは引き寄せの落とし穴だったりします。

ポジティブな考え方で「いい気分」になれるならもちろんOKですが、無理にそうなる必要はないのです。

むしろ、**無理にポジティブに考えようとするのは完全に逆効果。いい気分じゃないからです。**

たとえば嫌なことがあって、嫌な気分になったとします。

この気持ちを無理やり抑え込んで「いい気分になろう」としたとき、本当に心の底からいい気分になれるでしょうか？

本当の気持ちを抑え込んで無理やりポジティブな方向に持っていこうとしても、心の底ではマイナスの気持ちを抱えた状態なので、いくら表面上「いい気分」な行動や思考をしていても、どこかに上滑りしたような感覚やモヤッとした感覚が残ります。

これが「ポジティブシンキング」と「いい気分」の決定的な違いです。

頭でどれだけポジティブなことを考えていても、腹の底の自分が疲れたり泣いたりしていたら、結局それは「いい気分」ではないのです。

ですが本音に蓋をし続けていると、それに気づけない状態になってしまうのです。

ここで本当に「いい気分」になろうと思ったら、まずは抱えている「嫌な気分」に蓋をしないことです。
「嫌な気分」という腹の底にある、あなたの本音をきちんとキャッチする。

やり方としては、感じている嫌な気持ちをノートに書き出してみたり、嫌な気持ちに耳を傾けたうえで全く別のことに焦点を向けて気分転換してみるなど、いろんな方法があると思います。

とにかく、まずは「自分が嫌な気持ちである」という感覚をキャッチするのが「いい気分」への近道。

自分の気持ちに嘘をつくほど「嫌な気分」なことはないのです。

「嫌な気分」でいても大丈夫？

「えー！　でも、引き寄せは内面が現実化するんでしょ？嫌な気分でいたらもっと嫌な出来事が起こるんじゃない？大丈夫なの⁉」

そう心配になる方もいらっしゃるかもしれません。

これも、「引き寄せ」を実践する人が一度は突き当たる壁なのではないでしょうか？

ブログの読者さんにも、悩んで質問をくださった方が何人もいます。

たしかに、理屈はその通りなのですが、**そういったことを考えている時点で「いい気分」ではないのです（笑）！**

ですから、ここで本当に「いい気分」になろうと思ったら、嫌な気分を見ないふりして逃れようと抵抗するのではなく、ノートに書き出してデトックスしたり、腹の底の声を受け止めたうえで「じゃぁ今何をやりたい？」とハートに聞いてみたりします。

そうやって、しっかり本音を受け止められるようになると、「悪い気分」も怖くなくなります。
いつだって自分で対処できるものだと思えるからです。

そして十分に「嫌な気分」をデトックスできたら、マイナスな感情も成仏し、とてもスッキリします。
まるでスパで老廃物をデトックスするように。
それもまた「いい気分」なんですよね♡

一連のことは「自分のいい気分」に注目し、モヤっとしたら「自分の腹の底の声」に耳を傾けることを心がけていたら、自然とできるようになってきます。

むずかしいことではないので、ぜひやってみてください！
やるほどにコツがつかめてきますよ。

自分の感性を
とことん大切にすると
好みの現実がやってくる

スタバみたいに価値観もカスタムしてみよう♡

私たちはそれぞれ、自分の中に常識や価値観を持って生きています。

たとえば「仕事は苦行だ」という人もいれば、「仕事は趣味みたいなもの」という人もいて、多くの場合、過去の体験やまわりの人の影響を受けて形成されていきます。

でも、これも絶対的なものではありませんから、いくらでもカスタムできるんですね。

それなら、なるべく自分がワクワクする考え方や、ときめくものを採用したいと思いませんか？

スタバでホイップを抜いたり、豆乳に変更したり、はちみつを入れたりするみたいに、価値観もその都度、自分のハートにしっくりくるものを採用してアップデートしてしまえばいいのです♡

いい気分でいると、自分好みの常識や価値観を持っている人との出会いを偶然「引き寄せ」られることがよくあります。

そういう出会いは自分の頭にはないアイデアを運んできてくれて、新しい体験へとつなげてくれたりします。

私は以前、美容に関してある女の子から新しい価値観を取り入れたことで、現実が変わったことがあります。

Sayaka's story

美の基準が変わったら美人扱いされるように

TikTokで活動しているアディソン・レイちゃんをご存じでしょうか？

私が彼女を知ったきっかけは、１本のダンス動画でした。

アメリカの田舎のお家で、放課後、カジュアルな私服で気取らずダンスをしているだけの動画です。

が、私はそれを見たとき、少しも自分の見え方を気にする様子がなく、破顔で激しく踊る姿にハートがワクっとし、撃ち抜かれました！

それは私だけではなかったようで、その何気ないビデオから彼女は一気に世界でもトップのTikTokerになりました。

その動画を見たとき、私は「あれ？　かわいさってなんだっけ？　美しさってなんだっけ？」と疑問が湧きました。

日本では、顔が小さくて目が大きくて、スタイルがよくて、芸能人でもないのにびっくりするくらいかわいい子たちがインスタにあふれています。

そして、そういう子たちがハイブランドのバッグを持って高級ホテルでアフタヌーンティーをしているところなど、絵に描いたようなキラキラライフをアップしています。

会社員時代の私はそれを見るたびに落ち込んでいました。

「なんでこんなに世の中細くてリカちゃん人形みたいなかわいい子だらけなの⁉　しかもなんでこんな楽しそうに生きてんの⁉　私は滑車を回し続けるハムスターの如く働いてんのに。ずるい……」というふうに（笑）。

彼女たちに追いつこうとしたら、何十キロもダイエットしなきゃいけないし、小顔マッサージに毎週通わなきゃいけない。好きなものは食べられないし、メイクもがんばらなきゃいけない。マツエクも、ネイルも頻繁に通わなきゃいけない。

そのためには、もっともっとお金を稼がなきゃいけない。

そう考えると、とても苦しい気持ちになっていきました。

当時の私は、彼女たちこそが美しさの正解だと思い込んでいたので、彼女たちの写真を見るたび、「努力をしてお金をかけなきゃ美しくはなれませんよ」と言われているような気に勝手になっては落ち込んでいました。

でも「いい気分」でいるようになって偶然「引き寄せ」たアディソン・レイちゃんの動画は、日本のインスタグラマーのような美しさやライフスタイルを、どれも満たしていなかったのです！

私よりはずっと体が引き締まってたけど細くはないし、目も大きくはないし、メイクもそんなにしてない。

言ってしまえば、普通の田舎の学生です。

それなのに、ものすごく魅力的だったのです！

それはもう、私の積年の価値観をひっくり返すほどに！

そして同時期に、あるカメラマンの方が世界中の街で見かけた美女を撮った写真をまとめたweb記事も偶然見つけました。

ふだん写真などには特に興味はないのですが、なぜかそのときはとても惹きつけられました。

アラスカやタイ、モンゴル、中国など、いろんな国の自然体な一般女性たち。

みんなメイクも薄いし、日本の基準で特別に美人なのか？と言われたらよくわかりません。

そんな人たちが、カメラに向かってはにかんでいたり、風に吹かれて船に乗ったりしている。

ただそれだけなのに、それぞれがハッとするような美しさを持っていて、心を奪われました。

美しさって何？

なんかがんばる美容は、私はもういいや。

自然体で、自分らしくいることが、美しさなんじゃないかな？

この写真にも、そんなふうに美しさの定義をこれまでと180度変えられ、見える世界が変わりました。

それらをきっかけに、私はファンデーション、ストッキング、乳液や美容液など、自分が窮屈に感じていた「美容」はぜんぶやめることにしました。

メイクもファッションも自分に正直に、自分の感性をとことん大切にするようにしたのです。

そうすると、不思議なことが起こり始めました。

形式的な美しさにとらわれて、ファッションやメイクに気を使っていたときよりも、容姿やファッションを褒められたり、美女扱いされたり、モテるようになったのです！

以前は全くそんなことなかったのに、です！

え⁉　なんでなんで⁉　と最初は不思議に思いましたが、そのうち慣れていきました。

「いい気分＝本来の自分」でいるのが、結局一番の美容になるのだと実感した出来事。

それを教えてくれたアディソン・レイちゃんやweb記事には感謝です。

こんなふうにハートの声を大切にしていると、ふと目にしたwebサイトからも、人生を変えてくれるような情報をキャッチできたりもするのです♡

Sayaka's story

海外の価値観を取り入れて自分らしく働けるように

もしまわりにワクワクしたり、ときめくようなロールモデルが見つからない……という人は、本屋さんに出かけて海外の雑誌や本を読んでみるのもおすすめです。

先ほどのアディソン・レイちゃんも外国の方ですが、私は海外の価値観に刺激を受けることが多く、よく翻訳本を読んで海外の価値観に触れるようにしていました。

『自分で「始めた」女たち』（海と月社）は一読して衝撃を受けてから、仕事の価値観のロールモデルにしている１冊です。

この本は、自分で独立してビジネスを立ち上げたアメリカの女性たちのインタビューを集めたもの。
オフィスやアトリエの写真も一緒に載っているのですが、これがとても素敵でした！
空間いっぱいに、その人の世界観やセンス、１人１人のときめきやこだわりがつまっていたのです。

身につけているものや部屋に置いてあるものの値段が高いのか安いのかはよくわからないけれど、どの人もラグジュアリーに自分らしく仕事をしているように見えました。

当時の私は独立したてで、こんなふうに思っていました。
「個人で企業からお仕事をもらうとなると、信用が大切」
「だから、きちんとしたスーツやメイクで打ち合わせに行かないと。なけなしのお金でまず買うべきは高級スーツ？」

ですが、この本と出会ったことで**「仕事でも自分の感性を一番に大切にしていいんだ！」と価値観が一変しました。**

そこから名刺を自分でプリントして作ってみたり、スーツはやめて自分好みの着心地のいい服を着るようになりました。
「自分らしく」仕事に向き合うようになったのです。

「自分を出しすぎかもしれない……」「年配の偉い人とかにガチギレされるかも」と少し不安になったりもしましたが、こっちのほうが「しっくり、いい気分」だったこともあり、心地よさに身をまかせていました。

結果、「非常識だ！」なんて怒られることは一切なく、むしろ「ぜひSayaka.さんにお願いしたい」と言ってくれるお取引先がどんどん増えていったのです！

このように、直接すごい人と会ったり旅に出たりしなくても、ふと本屋さんに出かけたりネットサーフィンをしているときにめぐり会える大きな出会いもあります。

そうしてハートがときめく人や価値観をキャッチし、アイデアをいろいろカスタマイズして取り入れてみると、“自分史上最高ルート”の世界がより広がっていく。

自分用に届けられた「世界」という膨大なカタログの中から、心がときめくものだけをピックアップしていくようなイメージです♡

常識にとらわれることなく、どんどん自分好みの価値観を採用していきましょう！

そうするほどに、現実でもいろんな体験ができるようになります♡

“「本来の自分」のエッセンス”を見つけるノート術

「引き寄せ力」を強化させよう！

自己啓発本などで、夢を叶えるためのノート術が紹介されているのをよく見かけますが、私はあまり続きませんでした。

そんな私でも続けられたのが、お気に入りで最近もよくやっている“「本来の自分」のエッセンス”を見つけるノート術。
これは「引き寄せ力」をかなり強化してくれるように思います。

人によって好みがあるとは思いますが、とっても簡単で、これまでノート術や手帳術が続かなかった人でもできると思います。

用意するのはノートとペンだけです（タブレットがある人はそちらのほうがやりやすいかもしれません）。

もちろん、できるだけときめくデザインのものだと尚良しです♡

“「本来の自分」のエッセンス”を見つけるノート術のやり方

1，自分が心底ときめくもの、魂が震えるくらい惹かれるものを書き出していきます

ジャンルはなんでもかまいません。

アイドルでもいいし、アクセサリーでもいいし、コンセプトや、場所でもいいです。

これまでに出会って感動したもの、今心から欲しいと思うもの、思い出すだけでワクワクするもの……記憶をたどり、想像力を働かせながらどんどん書いてみてください。

「魂が震える」というのは、人それぞれかもしれませんが、私なりの言葉にするなら次のような感覚です。

・しびれる

・心を打たれる

・身体に衝撃が走る

・涙が出るほど感動する

・どこか懐かしい感じがする

・大好き

あるいは「心の中の自分がマラカスを持って踊り出したり、太鼓を叩いてお祭りを始める」くらいのハッピー感もそうですね！

2，出し終わったら、それぞれについて、なぜ自分がそれにときめくのか？　どこが好きなのか？　を書いていきます

タブレットでやる方は、言葉と一緒に画像イメージも並べると視覚的にもテンションが上がるのでおすすめです♡

イメージは、オタク感を隠さず、友達に好きなものの良さを思いっきり語るような感じで、「魂が震えるポイント」を書いていきます。

「この人のこういうエッセンスが好きだ！」
「この場所はこういう空気感を感じるから好きだ！」

など、好きなもののどんなところに魂が震えているのか？　考えて書いてみるのです。

そこで書き出したポイントは、実はぜんぶ「本来の自分」がエッセンスとして持っているもの。

私自身の魂、「本来の自分」のエッセンスでもあるのです♡

ちなみに、ある日の私のノートは以下のような感じです。

本当に自由でOKなのですが、どんなふうに書いていけばいいかイマイチわからない……という方は、ご参考にしてみてくださいね。

＊それぞれのエッセンスにしっくりくるイメージカラーを感じて、その色のペンで書いてみるのもおすすめ。

そうしてハートにとてもしっくりくるものができれば、本来の自分を思い出す、世界に1つのパワーアイテムになります。

心底ときめくものがどんどん引き寄せられる♡

こうして「本来の自分」のエッセンスを可視化し、自分の言葉で理解できていると、日常の中で、ときめくものへのセンサーが鋭くなります。

そうすると、「いい気分＝本来の自分」の感覚がつかみやすくなりますし、ビジョンやインスピレーションをキャッチしやすくなります。

つまり、理想につながるいろんな情報をキャッチしやすくなるのです♡

そうすると、「本来の自分」のエッセンスを持ったもの、心の底からときめくものたちが、どんどん引き寄せられてくるようになっちゃいます！

引き寄せられるものの、ハートのときめき濃度が上がるような感じです。

前ページの私のノートにあるように、私は「本来の自分」のエッセンスとして、以前にラグジュアリーさ（上質さ）、ナチュラルさ（自然）、女性らしさ、心地よさ、神秘性などを書き出しています。

そして、最近もそのエッセンスにぴったりなものを引き寄せました。

Sayaka's story

「運命のイヤリング」とのキセキの出会い

私はピアスを開けるのが怖くて、イヤリングをしています。

でも、イヤリングって落ちやすいので小ぶりなものが多いんですね。

さらに、私は金属よりも樹脂のほうがつけ心地がいいので、樹脂のイヤリングをいつも探しているのですが、そうするとなおさら重さに耐えきれず落ちやすいので、かなり小さいものがほとんどなのです。

樹脂のイヤリングで、もう少し大ぶりで目立つもの、それでいて奇抜じゃないようなデザインのものがあったらなぁと常々思っていました。

そして、頭の中でこんなのがあったらいいのに！　と思い浮かべました。

だけどそれは、今まで数十年間生きてきて見たことがないもの。どこのお店にも売ってるような気はしませんでした。

それから数週間ほどでしょうか？

そんなことは忘れて、デパート内のカフェでライティングの仕事をした帰り。

催事場に、和の香りの空間浄化ミストが売られていました。

その香りやコンセプトに少しときめき、ミストを１本買うことに。

レジに並んで待つ間、ふと横にある棚を見ていると、アクセサリーが並んでいました。

老舗《しにせ》デパートの催事場だったので、私よりもっと年配の方がつけるものかなと思い、初めはちゃんと見ていなかったのですが、よく見るとものすごく自分好み！

どれを見てもうっとりするくらい、全てが私好みのデザインなのです！

そしてそれらは大ぶりのピアスだったのですが、金具をイヤリングに変更できると書いてあるではありませんか！

ミストの会計を済ませてから、そのブースの店員さんに話を聞くと、ニューヨークのデザイナーさんが日本人になじみやすいカラーでデザインしているアクセサリーなんだとか。

まさに海外チックで少し大胆なデザインながら、控えめなファッションが多い日本人でも臆せずつけられるような、ベストバランスのイヤリングたちです。

私はふだん「本当に自分がときめくものだけ」を買うことに決めています。

その点、おそらく「樹脂」じゃなくて「金属」だという点は少しだけ引っかかるポイントでした。

めちゃくちゃかわいいけど、つけてるときは少し心地よくないかもしれない。それに、大きくて落ちてしまうかも。

でも、これだけデザインが気に入ったのだから……。

突き動かされるように、いくつか購入し、金具をイヤリングに変更してもらうことにしました。

素晴らしくラグジュアリーなデザインなのに値段も良心的で、小さいときに駄菓子屋さんで思いのままお菓子を買ったときのような、夢のような心地で選びました。

最悪落ちてしまうイヤリングでも、インテリアにできればいいや！

ウキウキしながらレジに持っていくと、店員さんが一言。

「うちのお店ではイヤリングには樹脂パッドをつけているんです。落ちにくいかと思います」

ズキューン！！！！（笑）

私が大げさではなく、感動で手を震わせながらお会計をしたのは言うまでもありません。

実はこのような体験を私はいくつもしています。

「大きなローズクオーツやアクアトルマリンのネックレスでおしゃれなものが欲しい！」と思って数週間後。

たまたま訪れた漢方薬局の隣に、ドンピシャのアクセサリーショップを見つけたり。

「着心地のよい素材のワンピースで、ラグジュアリー感があって女性らしいものが欲しい！」と思って数日後。

引っ越した先の街でお散歩していると、まさに私の理想を形にしたようなワンピースがたくさんあるお店を見つけたり。

そしてこれらのアイテムは全て、以前に私が“「本来の自分」のエッセンス”として書き出していた、ラグジュアリーさ（上質さ）、ナチュラルさ（自然）、女性らしさ、心地よさ、神秘性といった要素を完ぺきに満たしているものでした。

自分とつながるほど、ワクワク濃度の濃い人生に♡

このように、“「本来の自分」のエッセンス”を理解して自分と深くつながることができると、それに沿ったものがおもしろいくらい引き寄せられてきます。

それはもう、「世界は私のためにあるの⁉」と笑ってしまうくらいに（笑）！

こんなふうに書くと、もともとすごいスピリチュアル能力を持っているみたいに見えるかもしれませんが、昔はこんな引き寄せ不思議体験は全くありませんでした。

だから体験してみたければ、誰でも体験できるはずです♡

これも、「ノートで叶えるぞ！」と意気込んだり、あまり重くとらえず、気が向いたときにワクワクしながら気軽にやるのがおすすめです。

楽しみながら好きなときにやっているだけで、ラッキー引き寄せ磁石の磁力が強くなり、ぐっとワクワク濃度の濃い人生になっていきますよ♡

ことわざだって、自分好みに変えていい

ことわざは多くの人が「いいね！」してきたものに過ぎない

価値観といえば、「ことわざ」をはじめとした、世間でまことしやかに言われている「古くからの常識」も、私たちは当然のものとして受け入れてしまいがちです。

だけど昔からあるもの＝真実ではなく、よくよく見てみると、本当は歴代多くの人が共感して「いいね！」を押してきた言葉に過ぎない場合も多いです。

「石の上にも３年」１万いいね！
「楽あれば苦あり」２万いいね！

こんな具合に（笑）。

たくさんの人が同じ体験をしてきたから「そうそう、そうだよね！」と多くの「いいね！」が集まり、それが今日まで「真実」かのように言われてきています。

でも実際には、「たくさんの人が経験しました」というただそれだけのこと。それ以上の意味なんてありません。

そもそも、その「ことわざ」が言われ始めた頃と今では、時代が全く変わっています。

古いものからは学べることもあるけど、それを全て採用するかどうかは自分自身のハートが決めること。

新しい時代に取って代わる「ことわざ」に自分でアップデートしたっていいのです。

あなたの世界の辞書を作り直そう♡

・**「石の上にも3年」→「ふかふかソファの上で1年」**

我慢や辛い思いをしなくても、いい気分でいれば1年目からぜんぶうまくいく。

・「楽あれば苦あり」→「楽ありゃ自分と深くつながる機会あり♡」
「苦」も、自分と深くつながるきっかけになり、新しい世界をぐんと広げてくれる機会ですから、「苦」ではない♡

こんなふうに、世の中で確固たる地位を築いている「ことわざ」ですら、自分がワクワクできないものは、自分にしっくりくるものに書き換えちゃいましょう。

この世で一番価値があるのは、歴代多数の「いいね！」よりあなたのハートなのですから。

最近はことわざではなくとも、「老後の年金問題が〜」とか「AIに仕事がとられてなくなる」だとか、先行きの暗いことがまことしやかに言われています。

でも実際は、そんな問題なんてスルッと軽やかに越えている人はたくさんいますよね。

「みんなが抱えてる問題」に見えることは、実は「それを信じている人たちだけが見ている世界」でしかありません。

そこにときめかないのであれば、「いいね！」する必要は

ないのです。

ちなみに私自身も「私の世界の辞書」をよく作り直しています！

いい気分でいるときに体験したことをもとに、今後も常識として採用したいことを言葉として結晶化させ、インスタグラムに投稿しています。

たとえば以下のような感じです。

「幸せは追いかけるものじゃなく向こうからやってくるもの」
「問題とは、雪のように溶けて無くなるもの」
「欠点とは抜け感」

こんなふうに、自分が心から「そう、それがしっくりくる！」と思えるように世界の常識を書き換えていくと、現実もこれまでの「みんなと一緒」「当たり前」の枠を超えて、新しい自分の常識に沿ったものになっていきますよ♡

これにワクワクしたらぜひ、あなたも自分の好きなように「私の世界の辞書」を作り直してみてください。

もっとわがままに自分オリジナルの世界を味わっていい！

どんな世界を生きたい？

どんなことに魂が震える？

どんなことを感じたい？

ハートの感覚や腹の底の声を聞きながら、どんどんあなたの辞書に新しい言葉を加えていってOKです。

「みんなのことわざ」と「あなたのことわざ」は違っていい。

もっとわがままな、あなたオリジナルの世界があってもいい♡

それを思いっきり味わってもいい！

そうしてあなたのハートがときめいたなら……。

きっともうすでに“人間離れした優秀なコンサルタント”は手配を進めてくれています！

これまでの人生にはなかった素敵なプレゼントが、必ず届きますよ♡

「引き算思考」で“自分史上最高”がやってくる

TO DOよりWANT TO DOリストを作ろう

私はもともと「やりたいこと」がそんなにないタイプでした。

別に起業したいビジネスも思いつかないし、社会を変えたいという野心もない。

これといった趣味もないし、特別長く続いている好きなことや得意なこともない。

そんな感じなので、「欲しいものをイメージして何かを引き寄せる」というのがしっくりきませんでした。

きっと私のように、「特別ときめくことも、ワクワクすることもよくわからないなぁ」と思われている方もいらっしゃるのではないでしょうか？

そんな方には「引き算思考」をおすすめしたいです。

以前の私は、毎日無駄に「TO DO（やるべきこと）リスト」がいっぱいでした。

そんなに忙しくないはずなのに、なぜかいつもやることがいっぱいで時間がないのです。

そこで仕事を辞めて余裕ができたのをきっかけに、「TO DO（やるべきこと）」じゃなく「WANT TO DO（やりたいこと）」リストを作ってみようと思いました。

つまり、自分は何をしているときに少しテンションが上がるか？　心地よい感覚がするか？　過去の経験をもとに考えてみたのです。

人生を幼少期からさかのぼり、印象に残っている出来事をノートに書き出していきました。

学生時代、友達の文具をかわいく加工してあげたら喜ばれたことや、社会人になって文章を書く系の作業をしているときには没頭して取り組めたこと――。

本当はどんなことが好きなのか？　めちゃくちゃ自分の感

覚と向き合ったように思います。

それまでは、目の前に次々と現れてくる仕事、家事、日々のタスクに対処するのに必死で、そんなふうに「自分のワクワク」と深く向き合ったことはなかったのです。

でも**自分と向き合ってみてわかったのは、日々いろいろなTO DOをこなしていたけれど、本当にずっと好きで続けていたことなんて2つくらいしかなかったということです**（笑）。

1つは、成功哲学の本を読むこと。
中でも「引き寄せ」はとても興味がありました。
もう1つは、言葉やものを作り出すこと。
文章を書いたりものを作るのは昔から好きで、とはいえ得意と言えるレベルではなくて、文章を書くことなら抵抗なくできるなとか、手帳にかわいいシールを貼るのって楽しいなとかそんなレベルです。

こういうことなら、ちょっとだけワクっとできたり、夢中で取り組むことができることに気づきました。

あとはご飯を食べること、たまに飲みに行くこと、情報をきれいに整理すること。
そんな具合でした。

それがわかると、**それ以外のことは自分の人生にはあまり重要ではないと気づきました。**

将来に備えた資格取得、メイクのスキルを上げること、ブランドものを集めること、料理教室に通うこと……。
人生の中で「やったほうがよさそう」と思っていた多くのことを、私の人生からはぜんぶ引き算することにしたのです。

そうやって引き算してからは、毎日がとてもラクに、無理なく過ごせるようになりました♡

そして特別にこれをやりたい！　という夢や願望を描かなくとも、自分のときめくライフスタイルが勝手に引き寄せられてきたのでした。

エネルギーは石油と一緒。無駄遣いしないこと♡

そもそも私たちが一度に体験できることや使えるエネルギーは、石油などの資源と同じで限られています。

そう考えると、「やらないこと」「やりたくないこと」に注いでいる時間もエネルギーももったいないですね。

ぜひ一度自分の人生とじっくり向き合う時間をとって、「ハートがときめかないこと」を見つけてみてください。

そして、思いきってそれらを人生から引き算してみてください。

特別な「やりたいこと」「夢」「引き寄せたいもの」は見つからなくても大丈夫です。

「これは違う」と思うことを引き算だけしていけば、自然と「いい気分」でいられる時間もより増えていきます。

それに伴って、"自分史上最高"は勝手にやってくるようになりますよ。

「嫌な思い出」は宝の山！

嫌な気分は“ダイヤの原石”？

「いい気分」が大切なら、「悪い気分」に価値はないのでは？

１日も早く、全ての「悪い気分」を人生から排除したい！

そう思われるかもしれません。

ですが、**実は「悪い気分」にもすごい価値が秘められています。**

「大好きなこと」や「ハートが震えるくらい喜ぶこと」が甘くて魅惑的なデザートだとしたら、「大嫌いだったこと」や「強い違和感を抱いたこと」は、計り知れない価値を持つお宝、“ダイヤの原石”と言ったところでしょうか。

実はとんでもない価値のあるものが自分の足元に埋まって

いるのに、それに気づかず見て見ぬふりをしているのです。

「嫌な出来事」から「本来の自分」が見えてくる

結論を言うと、強烈な嫌悪感を抱くのは、多くの場合、それが「本来の自分」と対極の性質を持つからです。

ですから、**「嫌な気分」になった出来事を思い出し、「何が強烈に嫌だったのか」を知ることで、おのずと「本来の自分」の望みが新たに見えてくる**んですね。

そう、思い出したくない、消してしまいたい「嫌な思い出」には“お宝”がザクザク隠されているのです！

私自身、人生を幼少期から振り返ってみる中で、強烈な「嫌な気分」を抱いていたエピソードから「本来の自分」のエッセンスを発見でき、意識的に大切にできるようになりました♡

Sayaka's story

私が「引き寄せ」を極められたワケ

小学校2年生の頃に父の仕事の関係で転校をしました。

まだクラスメイトの名前もあやふやな時期に、「同じクラスのある女の子の靴がなくなった」という事件がありました。

誰が盗んだのか？　犯人を突き止めるために、先生が１人ずつ生徒を別室に呼び出し、事情聴取を始めました。

「靴がなくなった朝、下駄箱で誰かと会った？」
自分の番にそう聞かれたとき、「会っていないと思う」と答えました。

その日はそれで終わったのですが、また日を置いて「事情聴取」があり、先生に「嘘をついてるんじゃない？　誰かと会わなかった？」と聞かれました。
私は「あまり覚えてないけど多分会っていない」と答えました。転校したてで緊張していて記憶があやふやなところがあったのです。
すると「〇〇さんはあなたと会ったと言っていました」と先生。

「言われてみれば会ったかもしれない」と答えると、曖昧な回答と、私が転校してきたばかりのよく知らない生徒だったことも手伝い、先生は私を犯人だと思い始めてしまったのです！

それからの先生は「怒らないから、正直に言いなさい」とすごく優しい笑顔で言ったかと思えば、私が「やってない」と答えると「嘘をついちゃダメでしょう！」と鬼の形相《ぎょうそう》で怒り出し、とんでもなく怖かったです……！

そんな「事情聴取」がしばらく毎日続き、とうとう最後まで信じてもらえませんでした。

そのうえ、先生に長時間呼び出されて教室に戻った私を見て、クラスメイトの誰かがヒソヒソと「ああいう人のこと“ようぎしゃ”っていうんだよ」と言い、何人かでクスクスと笑っていたのを覚えています。

「どうして本当のことを言ってるのに、私が悪者になってんの ?!」

「ここには私を信じてくれる人が誰もいない」

転校間もない私の心はズタズタに傷つきました。

当時の私にとって大人や先生は全てをわかっているはずの存在でした。

間違いを犯さない、神様のような存在のはずの先生が、本当のことをわかってくれない。

必死に真実を伝えているのに、伝わらない。

「大人は、神様ではない」

「それどころか、間違っていることを正解だと信じ込んで疑わないことがある」

そんな思いが心に強く刻まれました。

同時に、

「私は勝手な思い込みで子どもの心をボロボロにするような大人には絶対になりたくない！」

「もっと勉強して、先生よりずっと賢くなって、本当のことがわかる大人になってやる!!」

と、強く心に誓ったのでした（残念ながら勉強は続きませんでしたが……）。

今思うと、私は当日の記憶があやふやで、先生の目には間違いなく「容疑者」として映るだろうと理解できます。

先生は靴を隠してしまった子に「ちゃんと謝る」というこ

とを、必死で教えようとしてくれていたのだと思います。

ですが、この小さな体験は強烈な嫌悪感とともに、心に残り続けていました。

「だから最悪でした」ということを言いたいわけではありません。

私がここで伝えたいポイントは、このエピソードから「本来の自分」が持つ性質を知ることができるということです。

私は自分のハートの感覚や腹の底の声、魂が震えること、131ページの「“『本来の自分』のエッセンス”を見つけるノート術」などで、これまでも「本来の自分」についていろいろ発見してきていました。

でも、なぜか記憶に残っている**この「嫌な気分」のエピソードのことを考えてみて「何が嫌で、どう強く思ったのか？」を思い出すと、もう一歩より深く自分について知ることができました。**

「大人は間違いを信じて疑わず“本当のこと”が見えないことがある。でも私は“本当のこと”が見えない大人にはなりたくない」と幼少期の私はそのとき思い、「表面的な情報にまどわされず、真理がわかる大人になるぞ！」という、将来の理想の大人像が生まれました。

——他の人ならまた別のことを感じるかもしれませんが、私はそう強く感じたのです。

だからこそ、世間の常識にしてもスピリチュアルの話にしても全てを真に受けようとはならなかったし、１冊の本で満足せず、なるべく何冊も読んで、“オタク”になるくらいに「引き寄せ」を極められたのだな、とこれまでのこととものながりました。

こういった、本質や真理の追求にこだわる「エッセンス」がなかったら、きっとこうして本を書くというような「魂が震えるような体験」をすることもなかったわけです。

さぁ、あなたもお宝を掘り起こしてみよう♡

「子どもの頃好きだったことを思い出して自分の才能を探る」といったワークは自己啓発本などにもよくありますが、このように「子どもの頃のトラウマ体験」は「本来の自分のエッセンス」や「本当に求めるもの」を教えてくれる“お宝”なのです。

みんな嫌なことや傷ついた出来事を必死になかったことにして、キラキラや安定ばかりの人生を歩もうとしたり、あるいは自虐的になって幸せになるのをあきらめてしまいます。

でも、「反面教師」という言葉があるように、傷は「自分は本当はどう在りたいのか？」を明確に教えてくれるもの。

ある出来事を「嫌だ」と感じるのは、それが「本来の自分」の性質から大きく外れているからです。

ですから、なぜ嫌だと感じたのか？　どこに嫌悪感を覚えたのか？　そのポイントを知ることは、「本来の自分」のエッセンスを知ることにつながります。

そして、新しい”自分史上最高ルート”の体験に向かう、強力なエンジンに変えることもできるのです。

誰かに傷つけられたこと、自分が過ちを犯してしまったこと……まだ渦中にいたり、少し思い出すだけでも辛さがあふれるときには、なかなか向き合うのはむずかしいかもしれません。

でも心に余裕があるときには、お宝を掘り起こすように「嫌い」の記憶にも向き合って「何が嫌だった？」とハートの声に耳を傾けてみてください。

あなただけの個性がまた１つ見つかり、人生がより深く広がり、自分オリジナルなものになっていきます。

そして、辛い記憶が“お宝”だと気づいた時点で、「嫌なこと」は溶けてなくなります。

その瞬間、心から感謝できる“本当のお宝”に変わっているはずです♡

第4章

「引き寄せ」が うまくいかないときの 救急箱

「引き寄せのワナ」にハマらないために

行きづまったときの解決策がきっと見つかる♡

“自分史上最高ルート”を引き寄せるのに必要なのは「いい気分＝本来の自分」でいることだけ。

それなら、なーんだ簡単じゃん♪

意気揚々と実践してみたものの、なかなかうまくいかない……と、行きづまることもあるかと思います。

それはもしかしたら、「引き寄せのワナ」にハマってしまっているのかもしれません。

ここでは、日々実践する中で、私も気をつけたいと思っている「陥りがちなワナ」と、その処方箋《しょほうせん》をご紹介していきます。

行きづまったとき、どうしていいかわからないとき、救急箱のようにお使いください。解決策がきっと見つかります♡

「叶えよう」としないことで叶いやすくなる！

「叶えるために」何かをするのはNG

「いい気分」でいるだけで、びっくりするような幸せが叶ったことをお伝えすると、「私も叶えよう！」「ミラクルを起こそう！」と意気込む人もいるかもしれません。

でも、これは引き寄せの落とし穴。

具体的に何をすればいいですか？

何をすれば叶えられますか？

とにかく叶えることが目的になって、叶える方法を聞きたくなりますよね。

たしかに、現実的に幸せになれなければ意味はないですし、もちろん実際に叶うのですが、**「叶えるために」何かをしようとするのはNGです。**

なぜなら、「叶えよう」と思うのは今「叶っていない」からですよね？

だから、**何かを「叶えたい！」「叶えよう！」と思った時点で不足に焦点が当たっています。**

なので、「何かが欠けている」と感じて、モヤモヤしたり、どんよりした気分になりがちです。

その状態では、皮肉にも不足を叶えてしまいます。

よくスピリチュアル系の本で「叶った状態でいましょう」というテクニックが書かれていたりしますが、必死で叶ったつもりになってみても一向に叶わないのはこのためです。

甘いキャンディーをなめるように理想を味わおう♡

ですから、自分の力で叶えることはあきらめて、目的はいつだって、今この瞬間「いい気分」でいることに定めてみてください。

そうすれば、結果として勝手に“自分史上最高ルート”の現実が叶えられていきます。

「叶った状態をイメージする」のは「叶えるために」するの

ではなく、「ぜんぶ叶った状態の甘い余韻《よいん》を味わう♡」つもりでやること。

レクリエーションとしてやることです。

キャンディーをなめるとき、「こうなるために、これをなめよう！」と思ってなめたりしないですよね？

ただ「好きな味を堪能しよう」と思って、味わうことを目的になめるはず。それと同じです。

キャンディーをなめるように、いい気分や理想を味わっていてくださいね♡

自分の力で「叶えよう」とするのではなく、自分自身はただ一瞬一瞬「いい気分」でいることを目的にする。

そのうえで、ハートがときめくことがあればやる。

これが全てです。

繰り返しになりますが、叶えるのは私たちの役目ではなく、あなた専属の超優秀なコンサルタントの仕事なのです。

心配したり、自分の力で叶えようとするのは、コンサルタントの仕事を邪魔することになってしまいます。

あなたがその理想に心からワクワクするのなら、また、それがあなたを幸せにしてくれるベストなものであるのなら、いつかその理想にぴったりのものか、同等の何か、あるいはそれ以上のものをコンサルタントが手配してくれているので大丈夫なんですよ。

“スピリチュアル沼”にハマらないために

「叶えよう」とすることの落とし穴はもう１つあります。

叶えることに執着しているうちに、「幸せになる」という目的が、いつの間にか「スピリチュアルの知識やテクニックを習得すること」にすり替わって沼にハマり込んでしまったりします。

もちろん、最低限の知識をインプットしておくことは、実践していくうえで助けになることもあります。

そして、趣味としてスピリチュアルを理解し学ぶことも楽しいものです。

でも、**ただ自分の人生で「幸せを叶える」のが願いなら、**

大切なのは頭で理屈を理解することよりも、自分で体験し「感覚をつかむ」ことが大切です。

英語のテストでよい点数を取るのと、実際に現地で使えるかどうかは別問題なのと同じです。

結果として、感覚をつかんでいくほうがスムーズに叶っていきます。

だから、「叶えるために」知識や方法を集めるのに必死になったり焦ったりせず、まずはホットココアでも飲んで、リラックスしてみてくださいね♪

オリジナルの“簡易マインドフルネス”を持っておく

“私だけのマインドフルネス”でいつでも嫌な思考から抜け出せる

「私にはどうせ無理」
「あの人だけはどうしても好きになれない」

いくら「いい気分」になりたくても、そんなふうにマイナスな思考が続くこともありますよね。

そんなとき「私にだってできるぞ～！」「あの人にもいいところがあるじゃない！」など、「思考」を無理やりポジティブに変えようとすると、それはまるで自力で歯列矯正をするようなもの。
ずっと力を加え続ける必要があって、結構大変です。

でも、「気分」を変えることなら、意外とすぐにできます。

そして不思議なことに、「気分」が変われば、あとは勝手にいい思考が浮かんできます。

嫌な思考にハマってしまったとき、「気分」を変えるのにおすすめなのは、46ページでも書きましたが、現状は一旦無視して、心の中で「全ての願望が叶った感覚」を味わってみることです。

たとえば、今宝くじが2億円当たってハワイ旅行に行っている最中だとしたらどうでしょう？

多分、イライラしていたことなんてどうでもよくなるはず。
めちゃくちゃ嫌な店員さんにあたっても、全く目に入らないか、「これでいいものでも食べて元気出して♡」とチップを渡すくらいの心の余裕が出るはずです（笑）。

こんなふうに、実際にその状況になっていなくても、全て叶った理想の状態を「感じて」みるのです。
脳は実際に起こったことと、単なるイメージを区別できないそうで、これだけでもちゃんとハートは「いい気分」に変わります。

こういった、**「本来の自分」の状態にさっと引き戻してくれる自分だけの"簡易マインドフルネス"を持っておくと、とても役立ちます。**

うまくできるようになれば、何か嫌なことがあってもスパッと本来の自分に戻れます。

それに伴い、「思考」も無理なく上向きなものに変わっていきます。

私にも"我流マインドフルネス"がありますが、とっても簡単です。

Sayaka.の"我流マインドフルネス"

1, 風が吹き抜けるようなイメージで頭の中を空っぽにする

2, ハートが満たされるような感覚を感じる

これだけです。

いつでも「本来の自分」に戻れるように、自分で考え出した我流の簡易マインドフルネスです。

何も必要ないので、信号待ちをしているときでも、仕事先でトイレに行っているときにでも、リフレッシュにガムを噛むような感覚で気軽にできます。

心地よい風が頭の中を吹き抜けていくイメージでもいいし、海で大の字になって浮いているところを思い浮かべて、その感覚に浸ってみるのもよいかもしれません。
「理想の状態」が思い浮かばなくても、自分のハートがふわっと軽くなれるイメージならなんでもOKです。

以前の私は、モヤモヤしだすと、環境を変えない限りなかなか気持ちの切り替えができなかったのですが、こうやってハートの感覚を意識して、繰り返しマインドフルネスを続けることで、だんだんとすぐに気持ちの切り替えができるようになりました。

ぜひあなただけの“秘術”を、お守りのように、いつも心に忍ばせていてくださいね！

スパに行くように、
マイナス思考を
デトックスする方法

しつこいモヤモヤは、溜め込まずに吐き出しちゃおう！

「マインドフルネスしたところで、どうしても気持ちが切り替えられない！」

そんな強力なマイナス思考は、ずーっとモヤモヤと残りやすいので、デトックスしてしまうのがおすすめです。

やり方は簡単です。

強力なマイナス思考をデトックスする方法

1，本心で「感じていること」を言語化していきます

考えるというよりは、そこにある“感覚”に耳をすませ、言葉として翻訳していくイメージです。

2，そうして浮かんでくる気持ちや言葉を、どんどん紙に書

き出していきます

たとえば、「いつもいい気分でいることをがんばろうとして疲れた」「なんかイライラする」「もう明日仕事に行きたくない」といったような本音が出てくるかもしれません。

そうやって1つ1つ言語化していくと、どんどん勢いがついて隠れていた本音の言葉が出てくると思います。

これだけです。

ただ**注意点としては、これも「叶えるために」やるのは逆効果です。**

「マイナスな気持ちを抱えていたら叶えられない！」という焦りから取り組むと、余計にしんどくなってしまいます。

そうではなく、内側にあるモヤモヤを外に出すことを目的にする。スパに行くみたいに、「デトックス」をすると、ただ気分がいいからそうするのです。

汚い話ですが、お酒を飲みすぎて2日酔いになったときに、吐き出すのと一緒です（笑）。

そうしたら結果的に、タイムラグはあっても、勝手にラッキー引き寄せ磁石状態に戻れるので安心してください♡

過去のトラウマは乗り越えなくてOK

苦～い記憶に悩まされるとき

64ページで、私たちはメディアや他人の情報に振り回されがちだというお話をしました。

もう1つ「本来の自分」からブレさせる足かせになりがちなのが、過去の記憶です。

「昔イケメンにフラれたし、いい男は自分のことを好きにならない」
「どこに行っても私って愛されない運命なんだ」
「就職のとき学歴で落とされたから、転職もうまくいくはずない」

などなど、過去の苦い記憶から、次も苦い結果になるだろうと決めつけて、知らず知らずのうちに自分でたくさんの鎧をまとってしまうんですね。

特に、これまでの人生で悩みがちだった……という人ほど、記憶に影響を受けやすいのかもしれません。

何を隠そう、私自身がそうでした。

Sayaka's story

エリートコンプレックスが溶けてなくなった

私は新卒で入った会社はプチうつ状態になり３ヶ月で辞め、次の会社は４年ほど勤めたものの「ずっと仕事がうまくこなせず、ミスに怯え、締切に追われ続ける毎日」にもう限界！　となり、なかば逃げるような形で辞めています。

自分は社会人として何か欠けているんじゃないか？　どうしてみんなと同じようにがんばれないんだろう？

そんなふうに自分に引け目を感じていたので、**いわゆる優等生的な「エリート社会人」に強烈なコンプレックスがありました。**

フリーランスになってからもそんな思いはしばらく拭えず、過去のトラウマに悩まされることがたびたびありました。

でも、クライアントには自分の能力を使ってバリバリ仕事をされている個人事業主の方や、大手企業さんもいらっしゃるので、お仕事をする中で、嫌でもいろんな「エリート社会人」と接しなければいけません。

会う人会う人、私以外はみんながすごい人に見えて、仕事内容は楽しくても、打ち合わせで顔を合わせるのは憂うつになることも多々ありました。

でも、私は「いい気分」を実践すると固く決意していました。

なので、一足飛びにはいかなくとも、嫌な記憶が浮かぶたびに頭を空っぽにし（詳しくは170ページ）、そのうえで、その場を自分なりに楽しむようにしました。

たとえば、打ち合わせをしているのであれば、会話を楽しんだり、一瞬一瞬の話題に集中したり。

相手がハートがときめくかわいいネクタイをされているのを見て、それについて話したくなったら「ネクタイかわいいですね！」と伝えてみたり。

無理に雑談をしたくなかったら話さなかったり。

わからないことがあったらただ質問してみたり……。

初めのうちは感情に飲み込まれて、動《どう》悸《き》がしたり冷や汗が出ることもありましたし、「私はみんなみたいに賢いわけじゃないんだから、その分気を遣わないと！」と焦ることもありました。

でもその都度、**「記憶にとらわれず、本来の自分に戻る」ことを意識し、そのうえで、一瞬一瞬のハートの感覚を大切に、心のおもむくままに振る舞いました。**

ビジネス会話術なども勉強せず、会話の場では、これだけをやっていました。

そうしているうちに、いつの間にか過去のイメージが消え、気がつけばあんなに苦手だった「エリート社会人」たち1人1人のことも“自分と同じ普通の人”としてとらえられるようになっていました。

いわゆる“すごい人”を前にしても、マイペースにいられるようになっていたのです。

トラウマに襲われたときの対処法

過去の記憶に悩まされ、鎧をまとってしまっているとき、「何とか乗り越えなきゃ」とか「克服しなきゃ」と思いがちですが、私が思うに、むずかしく考えなくて大丈夫です。

トラウマに襲われたとき、やるべきことは3つだけです。

トラウマに襲われたときの対処法

1，過去の記憶を再生してるなと思ったら、それに気づく

2，“我流マインドフルネス”を使ったり、頭をからっぽにしたりして、いい気分になる

3，その都度、ハートのワクっとすることを選択する

やっぱりここでも、これだけでOKなんです。

これを続けているだけで、トラウマは溶けてなくなり、不思議と嫌な記憶や感情が浮かんでこなくなります。

自転車もこぎ始めに一番力がいるのと同じで、最初はなかなか根気が必要かもしれませんが、無理のない範囲で少しずつ続けてみてくださいね！

「本来の自分」でいるのは恋にも効く♡

もう1つ、過去の在り方にとらわれず、一瞬一瞬を「本来の自分」で過ごすことでこんなミラクルもありました。

Sayaka's story

憧れのいい男に口説かれる妄想が現実に！

以前勤めていた会社に、びっくりするくらいの「いい男」がいました。

鍛えられた身体に、シンプルだけど上質なスーツを着こなし、営業成績はトップクラス。

社内でも「あの人はモテるよね」と噂されるような人でした。

他部署であまり接点がなく、私は数回打ち合わせの場に居合わせるのみでしたが、あるとき自分のデスクに戻ったあとに「あ〜すごい、ザ・東京のモテ男って感じで非の打ち所がないわ」「あんな人が口説きたくなる女の人ってどんな人なんだろう？」**「付き合いたいわけじゃないけど、今世であの人に口説かれる女性になってみたかったな」**……そんなことを数時間だらだら１人妄想した日があったのを覚えています(笑)。

その後、私は会社を辞め「いい気分」を大切にする生活を始め、そんな人がいたこともすっかり忘れていました。

あるとき、たまたま私が仕事で出会った方がその「いい男」と別の仕事で知り合いだったそうで、会社名でピンときて彼に伝えたようでした。

それで「いい男」から連絡があり、仕事の話でランチをする流れに。

過去の私なら緊張したり舞い上がったりで「私と喋って仕事のメリットがあるのカナ？ ^^;」「このあとデートの予定があるんじゃない？ ^^; 早く切り上げたいんじゃナイ？ ^^;」などなど、「おじさん構文」みたいな思考モードになっていたはず（笑)。

ですが「いい気分」を大切にするようになってから、私はどんなにすごい人やいい男を前にしても、ただその瞬間「本来の自分」でいることに集中すると決めていました。

なので、頭を空っぽにして、ホッと一息。

「気に入られたい」「デートに誘われるミラクルが起こっチャッたり……なんちゃって^^;」なんて考えずに、ただその瞬間の会話や料理に心を向けて楽しみます。

すると仕事でも恋愛でも、無理なくその場を楽しめるのです。

そんなふうに過ごした数回目の打ち合わせのあと、会話の流れで「なんか雰囲気変わった感じがするね。いい恋してるのカナ^^（笑）」といい男のほうが若干「おじさん構文」なセリフを投げかけてきました（笑）。

当時は彼がいたので断りましたが、「正直に魅力的な女性だと思った」「僕と感性が似ている感じがする」「彼とこのまま結婚するの？　別れる気はないの？」と、営業のときのような真剣さで口説かれることに……！

「付き合いたいわけじゃないけど、今世であの人に口説かれ

る女性になってみたかったな」

そういえば、オフィスでそんなことを願った日があったっけ――。

そんなことを、ふと思い出しました。

そして、あんなにいい男も「おじさん構文」みたいになる瞬間があるんだな、と思いながらニンマリ家に帰ったのでした（笑）。

もしもあのとき、ただ緊張して舞い上がって「本来の自分」でいられなかったとしたら、きっとこんな展開にはならなかったと思います（会社員時代はいつもそうでした）。

過去の在り方にとらわれず、一瞬一瞬を楽しむことに集中したことで、いつか願った妄想が現実に叶ったのです！

だって、彼と接するときに私が以前と変わっていたのは、「内面だけ」でしたから。

ですから、**「今この瞬間」に集中して味わうことは、「好きな人を引き寄せたい！」「ドキドキときめく恋がしたい♡」そんなときにも有効です。**

きっとその人か、それ以上に、自分にしっくりきたり、ときめく人が現れて、楽しく過ごせるはずですよ♡

誰かと比べたり競争して辛くなってしまうとき

自分の「内側」に目を向ければ誰も気にならない

「嫌な気分になるのが怖い」と同じくらいよくいただくお悩みに「他人と比べたり、競争して疲れてしまう」といったものがあります。

これも、誰もが一度は悩んだことがあるのではないでしょうか？

私自身も、会社員時代はしょっちゅう人と比べて落ち込んでいましたし、先ほどもお話ししたように、エリート社会人を見たときにはどうしても「比べてしまう」という意識がありました。

でも、それは意識が「本来の自分」ではなく、世間や他人の価値観（「優秀さ」「社内成績」「美しさ」「お金」etc…）

に向いていたから起こったことだったと今ならわかります。

自分の一番の目的を「いい気分＝本来の自分であること」に設定していれば、今この瞬間、本来の自分でいられているか？　そこからブレていないか？　だけを考えるようになります。

そうすると、**他人や状況よりも、ハートの感覚に一番意識が向くので、誰かと比較することや、世間の価値基準に踊らされて競争することが限りなく少なくなります。**

結果的に、人と比べることのできない唯一無二の個性も花開いていくのです。

泳ぐときみたいに自分に集中しよう

水泳にたとえるとわかりやすいかもしれません。

プールの水に入る前は、まわりの人が気になるかもしれないけれど、水中に入って自分のレーンで泳ぎだしてしまえば、息継ぎをすることやフォームをとることに一瞬一瞬意識が向きますよね。

「本来の自分でいる」のを目的にするのも同じです。

一瞬一瞬いかに本来の自分自身からブレずにいられるか、その1点だけに意識が向きます。

そのとき、他人や世間の価値基準は自然と気にならなくなっています。

そして、**他人や世間の目を意識しているときより、驚くほどいいものが「引き寄せ」られる！**

それがこのVIPコースの引き寄せです♡

だからやっぱり大切なのは、いつも自分に集中して、内側の声に耳を傾けていること。

そのうえで、ハートがワクっとすることやしっくりくることを都度選択していくこと。

そうして、いつだって「本来の自分」でいられるようにすること。

やはりここが肝なんですね。

フォーカスすべきは他人や世間ではなく、自分自身。

他人と比べたり、競争してるヒマなんてないくらい、自分のハートに集中してしまいましょう♡

「何かのために」
という考え方は
引き寄せ的にはご法度

「何かのために」がNGな理由

　現代を生きる私たちは、「何かのためにやること」があまりにも多いです。

　将来のために、お金のために、愛されるために、幸せになるために……。**少し油断すると、それを「自分がやりたいこと」とすり替えて行動してしまいがちです。**

　私自身が、「ハートの声」を大切にして好きなことを選ぶようにしだした今でも、時々「何かのために」やっていることに気づいてハッとします。

「何かのために」行動することは、世間では当たり前とされていますが、引き寄せ的にはご法度《はっと》です。

　なぜNGなのか？　私の実体験をもとにお話ししていき

ますね。

Sayaka's story

いつの間にか「本来の自分」からブレていた

私は経済的に豊かになってから、一時期「健康や美容のための予定」を毎週入れてみたことがありました。

整体、漢方院、リンパエステ、鍼灸院《しんきゅういん》、ホットヨガスタジオ……。仕事や遊びの合間に、これらの予定をいっぱい入れてみたのです。

どれも腕のいい素晴らしい先生たちでしたし、身体にいいことや美容に投資することは、「自分を幸せにするため」にいいことのように思えました。

それに、YouTubeやインスタグラムでたまに見る、モデルさんたちの「白湯《さゆ》を飲んでピラティスをする生活」に憧れていたところがありました（笑）。

女性の憧れるライフスタイルの代名詞のような生活を、一度してみたかったのです。

だけど半年ほど続けてみて、時間やお金を割いたほど「心底幸せ」「とっても嬉しい」「いい気分」な感覚がしないことに気づきました。

それどころか、何か満たされない感覚すら覚えます。

あれ？　おかしいぞ。

不思議に思い私は、自分が本心で何を感じているのかを見つめ直しました。

そのときに発見したのが、**これらの行動はみな、私にとって「美しくなるために」もっと言うと、「愛されるために」「自分の価値を上げるために（あるいは価値があると証明するために）」、そして「自分史上最高の彼に出会うために」やっているということでした。**

そしてその行動自体が楽しいかと言われると、私にとって「本来の自分が歓喜するほど」楽しいことではないと気づいたのです。

「愛されるために」努力することの何がいけないの？

そう思う人もいるかもしれません。

もちろん、一般的にはいけないことではありません。

ただ「引き寄せ」の理屈では、最強の引き寄せ磁石である「本来の自分」というのは、“何も制限や不足がなく満たされている状態”でしたよね。

でも、**「何かのために」と思っている時点で、その「何か」が欠けているという「不足」が行動の前提になっています。**

ですから、無意識でも「何かのために」行動していると、どこか満たされなかったり、モヤモヤした「本来の自分」とは違う感覚を覚えることになります。

思い出してください。

欲しいものは、がんばって手に入れるのではなくて「本来の自分」でいたら、勝手に「引き寄せ」られてくるもの。

一番大切なのは「本来の自分」からブレないことです。

経験的に、本当に「いい気分なこと」「ワクワクすること」、「本来の自分」とズレがないことは、どれだけ行動しても体感的に全く「努力」だとは思わないことのようです。

「努力」のような感覚がする時点で、それは少し魔法的な生き方からは外れてしまっています。

それに気づいてからは、本当に身体や肌の具合が悪くなったときにだけ腕のいい先生たちに頼ろうと思い直し、「美容や健康のため」の行動をやめました。

それじゃぁ、私はどうしたい？
今の私が“本当にやりたいこと”は何？

そう考えた結果、ラグジュアリーホテルのスパにもう少し頻度を上げて行くことにしました（笑）。

お馬鹿みたいですが、私のハートはオリエンタル系のラグジュアリーホテルのスパが大好きなようなのです。

どれくらい好きかというと、身体とハートが全力で喜んで「この体験が好きだ！」と感じられるくらいに♡

あとは、哲学的なことを考えたり、「言葉」や「表現」をつむぎだすこと、美味しいものを食べることや、人と飲みにいくこと、勢いのある男性たちがいる会社をサポートするお仕事（笑）なんかも、私が心底楽しんでできることです。

これらは私にとって「努力」とは感じないこと。

やらずにはいられなかったり、しっくりくるとか、ハートが震えるくらい喜ぶような感覚になれることなのです。

1%の「やりたいことだけ」でもっと夢中になれる人生を♡

こんなふうに、結果を求めて「何かのために」やることをやめて、1%ほどの「本当にやりたいことだけ」をピックアップしていくと、ハートが潤いを取り戻し、踊り出します♪

それは「本来の自分」でいることとイコールですから、もちろん「何かのために」行動していたときよりも、ミラクルがたくさん舞い込んでくるようになります！

なかには、たとえばやりたい仕事で資格が必要とかで「何かのために」行動しないといけないという人もいるかもしれません。

そういう場合、私なら、一度“我流マインドフルネス”などで「本来の自分」に戻ってみて、改めて「やりたい仕事」について考えてみます。

どうしてやりたいと思うのか？

それをやることでどんな感覚を得たいのか？

もしかすると、その資格がいらない仕事でも、欲しい感覚は味わえるかもしれないからです。

「でもやっぱり、その資格をとってその仕事がしたい！」と思ったら、勉強のモチベーションも上がります♡

かわいいノートや最新のおもしろい付箋を買ってみよう！など、楽しく勉強できるアイデアが浮かぶかもしれません。

そうして**「何かのために」ではなく、「ただその行動を楽しむ」意識で取り組んでみると、不足が前提にならず「本来の自分」からブレずにいられます。**

すると、嫌々だったり、がんばってやっていたときよりも何倍もラクチンにことが進められたりしますよ♡

だからできるだけ１％の「本当にやりたいこと」を選び取って、いつも目の前のことを楽しんで、もっと自分の人生に夢中になっていきましょう♪

そのスタンスが、今よりもっともっと「夢中になれる人生」を引き寄せ始めます！

執着や焦りで苦しくなってしまうとき

「現実世界」に執着するのはまるでコメディ

「なかなか現実に理想が現れない」
「お金はいつになったら入ってくるの⁉」
「私の王子様はいつ現れるの〜⁉」

なかなか現実が変わらないと、そんなふうに焦ってしまうこともあるかと思います。
そういうときには、矛盾するようですが、「現実」への期待や執着をやめてしまうのがおすすめです。

理想をうっとり描いているときというのは、「楽しくて」「やりたくて」やっていると思いますが、それが行きすぎると「現実」への執着になってしまうことがあります。

「執着」の状態は、苦しいもの。

なぜなら、「これが叶えば幸せになれる＝今私は幸せじゃない」という感覚を強調してしまうものだからです。

それは「本来の自分」の感覚とは、ズレてしまっていますよね。

そもそも、「引き寄せの法則」を前提とすると、「現実」は私たちの気分や今の在り方を映し出すスクリーンのようなものです。

そう考えると、私たちのハートこそ、全ての現実の源と言えます。

それならば、何より価値があるのは、私たち自身ですよね。

ですが、私たちは無意識に自分自身より現実に重きを置いてしまいます。

そしてお金や恋人や環境といった、目の前に現れてくる「結果」に執着してしまう。

これは映画のスクリーンの中から何かを取ろうとしたり、すでに上映されている内容を見て、一喜一憂して疲弊しているようなもの。

そして、スクリーンはいつだって「今の在り方」を映し出すものなので、ず〜っと願って疲弊し続ける現実が現れてしまうのです。とっても皮肉なコメディですよね（笑）。

ですから、何かを強く叶えたいときほど、現実に執着しないでフラットな状態でいるのが大切です。
とっておきの幸せな体験がやってくるのを、ヒヤヒヤせずにゆったりかまえて待っていることです♡

欲しいのは「もの」ではなく「感覚」と心得る♡

そう、私たちは「○○があれば幸せになれるのに」と、幸せになるためには何かが必要だと思いがちです。
でも、**どんなものを手に入れても、自分のハートが喜べなければ、結局幸せにはなれません。**

たとえば、お金持ちになって素敵な恋人ができて、ずっと行きたかったハワイ旅行に行けたとして、その間、友達とケンカしたことばかり考えていて「嫌な気分」だったなら……？
どれだけ環境に恵まれていても、不安感を抱えながらハワイの海で寝そべることになります。
　どんなに素敵な願いが叶っても、今この瞬間心の底からいい気分になれないなら、幸せにはなれないのです。
　そう、48ページでもお話ししたように、究極のところ、私たちが本当に欲しいものは「叶った現実」よりも「幸せな感覚」のほうなんですよね。

「だから、何も叶わなくても幸せを感じられたらそれでいいよね」ということが言いたいわけではありません。

　お伝えしたいのは、幸せになるために「叶う」のを待ったり執着するのではなく、ただ今この瞬間、「いい気分を味わっていてください」ということです！
　究極の願いは「幸せな感覚を味わう」ことですから、今この瞬間願いが叶っていることになります。
　そうすると、現実にも「叶っている」状態が勝手に現れ始めます♡

「まだ叶わないの～⁉」「早く現実変わって～！」と心がざわざわし始めたら、「そっか、現実ってスクリーンで、本体は私だった」と、立ち戻ってみてくださいね！

嫌な出来事は ミラクルを起こす 大チャンス！

嫌な出来事は「望まない思い込み」を教えてくれる

スタイルがよくない、かわいくない、恋がうまくいかない……誰もが何かしらのコンプレックスに悩まされたことがあるのではないでしょうか？

人から何か言われたとか、メディアの情報を見たりだとか、何かしらの出来事から、自分で「コンプレックス」と思い込んでしまったことがほとんどなのではと思います。

一度抱えてしまうと、克服するのは大変に思えますよね。

でも、**コンプレックスに思う出来事があったとしても、それも自分が作り出したものに過ぎません。**

「今、あなたにはこんな思い込みがあるよ！」そう教えてくれているのです。

ですから、**その出来事から「望まない思い込み」に気づき、自分が心地よく思えるものに書き換えれば全て解決します。**

自分の内面さえ変われば、現実世界からも問題は雪のように溶けてなくなっていきます！

それを心底実感する出来事がありました。

Sayaka's story

コンプレックスを克服したら現実が変わった

昨年の GW に、実家に帰省したときの話です。

私は冬の間、ウーバーイーツのしすぎで体重が結構増えてしまったのですが「まあ夏になれば減るかな」と軽く考えていました。

でも久しぶりに会った家族が「すごく太った！　大丈夫なの⁉」「これは痩《や》せないとちょっとひどいよ……」と毎日のようにありがたい忠告をしてくれたのです（笑）。

もちろん私もずっと健康ではいたいし、家族が心配して言ってくれているのもわかります。

でも毎日聞いているうちに「そんなに太いのかな」「私っ

てやばいのかな」というマイナスな考えに勢いがついていき、自分の体形がコンプレックスに思えてきました。

これだけ数年「いい気分」を大事にしてきて、それについて本まで出版した私が、少しも「いい気分」でいられなくなってしまったのです（笑）。

「これはまずい！」と予定より１日早く実家をあとにし、帰京。

自分１人のお部屋で、鏡に向かって「大丈夫、私は魅力的……」とつぶやいてみたり、それでもモヤモヤするときは考えるのをやめて寝て過ごしたりしました。

そのうち、また楽観的に「まあベスト体重は人それぞれだし」「適度に運動していればまた自分にとっていい体重になるはず」と思考が軽くなっていきました。

さらには「最近の子は痩せてててスタイリッシュな子が多いけど、でも美しさとは別じゃない？」「ちょっとむっちりしてても魅力的な人もいるじゃない？」と、どんどんポジティブマインドが復活していきました。

自分の中にあった「細い＝美しい」という思い込みがなくなっていったのです。

そうして数日後、気持ちを持ち直して出かけた際のこと。
「お１人ですか？　お酒を飲んだ帰りなんだけど、素敵な女性だなぁと思って声をかけてしまいました」と声をかけられ、見てみると素敵な男性。

さらにまた別の日にも、これまた素敵な男性に声をかけられ、熱心に容姿を褒められるという事態に。

私もいい年なのでここ数年ナンパなんてなかったので、立て続けに（しかもいい男から！）こんなことが起こり、ちょっとびっくり。

そしてまた別の日、たまたま入ったお店の店員さんがフィッティングしたあとに、「お尻、何かトレーニングされてます？　このワンピースはなかなか日本人で合う方がいないんだけど、お尻がちゃんとあるからすごくきれいにラインが出てる！」と体形を褒めてくれたり。

たまたま会った人が、次々とありのままの私の容姿を褒め

てくれたのです！

実家での出来事から、「太っていると美しくない」という思い込みに気づき、手放した。

結果、このままの容姿で褒められる世界に変わったというわけです。

ぽーんと軽やかに越えていこう♡

ですから嫌な出来事があったとき、「ほらやっぱり」「どうせ」と、抱えているコンプレックスのせいだと思うのではなく、自分が「心の底でどんな思い込みを持っているのか」を見つめ直してみてください。

嫌な出来事は、ただ「本来の自分とズレた思い込みを持っているよ」「もっと幸せを感じられる世界があるよ」ということを伝えてくれています。

現実をもっと幸せに変える大チャンスなんですね！

コンプレックスは絶対でも、ずっと引きずっていかなきゃいけないものでもありません。

こんなふうに、ぽーんと軽やかに越えていっていいのです♡

たいていのことは
できなくてOK!
自分を責めないこと

何もできなくても、本来のあなたは“そのまま”で完ぺき

毎日料理をしなきゃいけないとか、朝早起きしたほうがいいとか、ジムに通ったほうがいいとか……。

ちょっと雑誌を読んだりテレビを見たりすると、たくさんの「やるべきこと」であふれています。

また、この資格を持っていたほうがいい、このスキルを身につけておいたほうがいいとか、「できたほうがいい」とされることも挙げだしたらキリがないほど。

ですが、**私はほとんどのことはサボっていいし、できなくても構わないと考えています。**

なぜなら「引き寄せ」の理屈で言うと、一番大切なのは自分の気分。

行動などは二の次だからです。

ですから、何かができないことよりも「またサボってしまった……私ってダメ人間」「なんでちゃんとできないんだろう……」と、自分を責めてしまうことのほうが問題です。

自分を責めたり、不完全な存在だと思うのは「本来の自分」の感覚からズレていますよね。

これまでの常識だと、「やるべきことをちゃんとできたほうがいい！」「なんでもできる優秀さがあればうまくいくのに」と思いがちです。

でも、**本当は何もできなかったとしても、あなたはそのままで完ぺきなんですね。**

ですから、自分を責めないことです。

会社員時代の同僚に、おそらく「引き寄せ」なんて知らず、この生き方を地で行き、うまくいっている子がいました。

Sayaka's story

不器用なのに営業成績1位な彼女のヒミツ

２社目に勤めた会社で、営業成績が毎回トップの女の子がいました。

かわいらしいけれどめちゃくちゃ美人というわけではない、いわゆる"普通の子"です。

口が達者なわけでもなく、ただいつもニコニコとご機嫌そうにしている子でした。

他にも、話が上手で営業が得意そうな子、とっても美人な子だっている中で、この子はどうしていつもトップなんだろう？

ふわふわしているように見えて、実はすごく優秀なのかな？

当時の私は、「営業成績がトップな子は優秀なはず」、もっと言えば「基本的なことはそつなくこなせて、さらに努力もできる」「行動力があって要領もいい」というイメージがあったのです。

初めてその子と仕事をする機会があったとき、どこが優秀なのか知りたくて観察してみることにしました。

そしてその子は、短時間のうちにどんどん私の常識を覆していったのです（笑）。

ちょっと前に「これやっておいてね」と言われたことを忘

れていたり、社用携帯の画面を割ってしまい「もう3回目だから怒られちゃうかも」と笑っていたり、MTGに遅れてきたり、報連相が遅かったり……（笑）。

寝坊とミスをよくするダメダメ会社員だった私が心配してしまうくらい、いろんなところでヘマをしてしまうタイプの子だったのです（笑）！

私も器用なタイプではないのですごく親近感を覚えたのですが、その子を観察していてもう1つ発見がありました。

それは「罪悪感」や「自己否定」の感覚がほとんどないこと。

ミスをしたらもちろん謝りはするのですが、普通なら失敗してしまった人から出るはずの「どよ〜ん」とした雰囲気が一切ないのです。

少し落ち込んだとしても、引きずったりはしません。

わからないことや忘れてしまったことがあれば、申し訳なさそうにしたり知ったかぶりしたりするのではなく、なんの罪悪感も持たずサラッと聞く。

そんな感じなので、なぜかまわりも度重なるミスや「できない」ことを重くとらえるような空気にならず、**なぜだかわ**

からないけど円滑に進んでいくのです。

そう、彼女は「できない」ことだらけでも、自分を責めずにいつも「本来の自分」でいました。

その結果、不思議と一緒に働く人たちから愛されたり、毎回営業成績トップになったりと、いろんなミラクルを引き寄せていたのでした！

私は当時ミスをよくしていたのですが、そのあとは先輩に「飼っていた犬が死んだのか？」と言われるくらいにモヤモヤを引きずっていたので、衝撃でした（笑）。

「本来の自分」に一番の価値がある♡

思えば、そんな人を私は人生で何度か見てきました。

「絶対にクリアしているべき基準」を全く満たしていないけれど、なぜかうまくいっている人。

実は個人事業主になってから出会った経営者の方なども、そういうタイプの人が多かったです。

知らないことや失敗だらけだけど、それを卑下したり隠したりすることなく、遠慮なく人に頼んだり聞いたり失敗をあっけらかんと話したりするのです。

「本来の自分」でいることが魔法を使ううえで大切なのは何度もお伝えしている通りなのですが、これは「普通に考えて」も成功哲学として理にかなっていそうです。

トップがありのままの自分を偽らないことで、まわりも自然体でいられて、みんなが気持ちよく仕事ができ、結果的に事業がうまく回っているように見えました。

もちろん努力や行動は立派なことですが、「できないとやばい」と思っているほとんどのことは、意外とできなくても大丈夫なことかもしれない――。何かができず自分を責めたくなるとき、そういう視点を持ってみてくださいね！

何のスキルも能力もなくたって、「本来のあなた」は一番価値のあるVIPな存在です。
何かができなくても自分を責めたりせず、ありのままのあなたを輝かせていきましょう♪
立派にならなきゃ！　と力んでいたときよりも、不思議といろんなことがスムーズに回り始めますよ♡

苦手な人や問題が山積みのときには？

STOP!　望まないことに薪をくべない

「職場にどうしても苦手な人がいて、毎日顔を合わさなきゃいけない」
「やりたいことのためにお金が必要なのに、貯金がない」
「早く結婚したいのに、全く出会いの影すらない……」

こんなふうに、目の前に問題が山積みなとき、いい気分だとか、ミラクルだとか、とてもじゃないけど信じられない……。

そう思われる方もいらっしゃるかもしれません。

そんなときに思い出していただきたいのがこちら。

「思考」はエネルギーであり、「火」と同じ性質を持つということです。

つまり、何かについてずっと考え続けることは、そこに薪をくべ続けているのと同じなんですね。

「職場の苦手な人」「お金がない」「出会いがない」というキャンプファイヤーに、ずっと薪をくべて大きくしているようなものなのです。

「問題」に焦点を向けるほど、その「問題」はますます頭の中で大きくなってしまいます。

炎と一緒で、一度頭の中で大きくなったものは、なかなかすぐには消えません。

これはきっと、多くの方が体験したことがあるのではないでしょうか？

そんなときには、一度焦点をそらしてみるのがおすすめです。

問題の解決は天にゆだねて「何も考えない」か、全く違う種類のことを考えるようにしてみるのです。

たとえ今大炎上していても、薪をくべ続けなければ、頭の中を覆い尽くしていた「問題」は少しずつ勢いがなくなっていきます。

最初のうちは、またすぐ思考のクセで「問題」に薪をくべようとしてしまうかもしれませんが、その都度「あ、また薪をくべてた！」と気づいて、考えるのをやめてみたり、本でも読んでみたり。

そうやって繰り返し、「問題」から思考をそらしていってみてください。

気がつけば、大きかったはずの問題がすごく小さく感じるようになっていたり、突然よいアイデアや出会いに恵まれたりして、勝手にするっと解決したりするものです。

いずれにせよ、内面＝現実ですから、問題に焦点を当てていなければ“現実的にも”解決していきます！

問題は解決するものじゃなく、勝手に消えてなくなるもの

こんなふうに「思考はエネルギー」ととらえるようになってから、私にとって問題とは「自分で解決すべきもの」ではなく、「勝手に消えていくもの」になりました。

いつの間にか火が消えてしまうように、本当にスルスルっとなくなっていくからです！

ちなみに、アインシュタインの言葉に「どんな問題も、それを作り出したときの意識レベルでは解決できない」というものがあります。

これも「問題はしゃかりきになって解決することはできない。自分の意識を変えてからなら解決できる」という意味だと思っています。

家事や仕事がめんどうなら、「今」しなくてOK

目の前に問題が山積みに見えるとき、がむしゃらに取り組もうとするのではなく、まずは一旦そこから離れて「内側を整える」。

これを意識してみると、本当にいろんなところに応用が利きます。

恋愛、お金、人間関係、健康などの問題もそうですし、**「今日は掃除が面倒だな」「家事したくないな」「このタスクやりたくないな」といった日々の小さなモヤモヤでも同じです。**

モヤモヤを無視して無理やり取り組むのではなく、まずは好きな音楽を聴いてみたり、YouTubeでおもしろい動画を見たり、全然別のことをして自分を「いい気分＝本来の自分」に戻すことが先決です。
そうすると、それがモヤモヤすることではなくなったり、何か簡単にできるアイテムが見つかったりします。

もしかすると「本来の自分」に戻れても、その問題に取り組みたくないと感じるかもしれません。

それならば、それは**「今取り組まなくていいこと」**です。
後日、急に掃除をしたい気持ちになったり、「あーあのタスクはあのときやらなくてよかったな」と思うタイミングが必ずきます。

ですから、**目の前に問題が山積みに見えるときやるべきことは、しゃかりきに取り組むことではなく、「問題についてできるだけ考えない」、「全然別のことをして気分を変えてみる」。この２つだけです。**

問題はがんばって解決するものではなく、薪をくべなければ勝手に消えてなくなるもの。覚えておいてくださいね♡

八方ふさがりなら、寝る

調子が悪いときはPCみたいに自分もシャットダウン

これは過去の本やブログでも書いていて、何度でもおすすめしたいことです。

「どうしてもいい気分になれない」「もうどうしていいかわからない」そんな八方ふさがりのときは、「全てを放棄して寝る」に限ります。

「本来の自分」からブレた状態のまま問題を解決しようとしたところで、浮かぶ思考は変わらず、ずっと堂々めぐりになってしまいます。

私もなかなか自力でいい気分になるのがむずかしいときにはよく寝ていました。

ポイントは「現実と自分を完全に切り離して寝る」こと。

何かを考えながらではなく、今の状況、悩み、直面している問題……一旦全ての現実を忘れて寝るのです。

ただ「考えるのをやめればいい」だけなので簡単です！

「意識が変われば、きっと思い浮かぶ考えや見えてくる現実も変わるはずだ」ということを思い出して、ただ寝てみてください。

できれば2日間くらい集中して寝るのがおすすめです（その間、ごはんを食べたりお風呂に入ったりしてOKです）。

「ただの現実逃避じゃない？　大丈夫？」と心配されるかもしれませんが、PCだって調子が悪くなったら一旦シャットダウンしたり再起動したりしますよね。それと同じです。

むしろ煮つまった状態で一生懸命考えたり、がむしゃらに行動しても、ベストなパフォーマンスを発揮するのは「普通に考えて」もむずかしいのではないでしょうか。

そう考えると、一旦寝るのはかなり理にかなっています。

私自身、このやり方で現実が好転したことが何度もあります。

Sayaka's story

コロナ禍で仕事ゼロのピンチも、寝て解決！

71ページに書きましたが、私は「いい気分」を大切にすることで、フリーランスになって1年目の後半には月収100万円までいくことができました。

ところが、2年目にはコロナウイルスが大流行！

収益の柱である契約2件がもろに影響を受ける業界だったので、一気に収入がほぼゼロに……！

普通に考えたら、まるで社会を甘く見てバチが当たったかのような最悪の状況でした（笑）。

さらに、私は会社員時代から貯金が苦手でそこまで多くの蓄えもありません。

数千円レベルでやりくりせねばならず、このままだと数ヶ月後には家賃も払えなくなります。

情勢的にも全く見通しがつかず、なかなか外注の仕事はもらえないかも……。

でもこの時期はコロナが流行したてで、誰もが外を出歩くのすら怖かった時期。

私も同じで、仕事をがんばって取りに行く気にもなりませんでした。

会社員の友達や結婚した友達は安定した生活を送っているのに、「自分はこんなリスキーな生き方をして、一体何をしているんだろう？」と馬鹿馬鹿しい気持ちになってしまったこともありました。

八方ふさがりだ——。

よし、寝よう。

「いい気分」を実践し始めて１年目から、「寝る」は最強の切り札だったので、今回もそうすることにしました。

そのときある曲が浮かび、急に聴きたくなりました。

歌詞はあまり知らなかったのですが、聴いてみると「いま君はとても深く傷ついて素直になれない状態だ。今日は見守っているからおやすみ」というような内容の歌。

まさにそのときの私にぴったりの歌で、涙が出ました。

そうして何か大きなものに見守られているような安心感を覚えながら、現実と自分を切り離して土日「2日間寝る」をしました。

「仕事やお金が入りますように」なんて期待はしません。

ただ完全に全てをコンサルタントにゆだね、現実を〝真剣に忘れて〟いい気分で寝るだけです。

案の定、その翌週から風向きが変わり始めました。

ずっと連絡がなかったエージェントから立て続けに連絡がきたり、たまたま仕事の関係で食事をご一緒した人が「コロナの中ありがとう」となぜかお礼に1万円をくれたり（笑）。

そういった「ミラクル」がちらほらと起こり、結局またエージェント経由でよい条件の仕事が入って持ち直すことができたのです♡

「寝る」は効果抜群の最終奥義

繰り返しになりますが、ポイントは「現実と自分を完全に切り離して寝る」ことです。

多くの人が、寝る前も悩みや問題についてモヤモヤ考えてしまいます。

ですが、悩んで解決するならもう解決しているはず（笑）。

今解決していないのなら、悩んでも仕方のないことです。

熱くなりすぎたパソコンやスマホを一旦オフにするように、自分自身もとりあえずスイッチオフしてみてください。

一旦オフにして内面が変われば、必ず現実が変わります。

うまく「現実と自分を切り離して寝る」ができると、問題を自分で解決しなくても、翌朝以降いいアイデアが浮かんだり勝手に解決される流れになったりします。

寝るときもなかなか頭を空っぽにするのがむずかしい、どうしても寝る前も悩んでしまうという人は、YouTubeに寝ながら聞く用の「マーフィーの法則」の動画があるので、それを聞きながら寝るのもいいと思います。

これは「自分で可能性を制限しなければ理想が叶う」ということを、潜在意識に語りかけてくれるような内容のもの。

私も独立初期、聞いていたことがありました。

「八方ふさがりになったら、寝ればいい」

これは効果抜群の最終奥義です。

いろいろ書いてきましたが、これだけでもずっと心に留めておいてもらえたら嬉しいです♡

第5章

インスピレーションを活かせば、もっと♡「引き寄せ」が加速する！

“コンサルタント”からの理想の未来の「予告編」を受け取ろう

“自分史上最高ルート”の引き寄せを加速させるポイント

ここまで繰り返し、とにかく鎧を脱ぎ捨てて「本来の自分」でいることが大切とお伝えしてきました。

“自分史上最高ルート”に乗るのに必要なのは本当にそれだけなのですが、さらに**「引き寄せ」を加速させるポイントが1つあります。**

それはビジョンやインスピレーションをキャッチすること。

「突然なんのこっちゃ⁉」と思われたでしょうか（笑）。

実はビジョンやインスピレーションというのは、自分の思考を超えたところからやってきたもの。

あなた専属の超優秀なコンサルタントが送ってくれている「用意された未来の予告編」のようなものなのです！

そして、この予告編をうまくキャッチできるようになると、“自分史上最高ルート”が引き寄せられるスピードがぐんぐん加速していきます。
「自分が頭で描ける以上の理想」を現実で体験しやすくなるのです♡

ここからは、その予告編をどのように受け取ればいいのか、それによってどのように「引き寄せ」が加速していくのかといったポイントを、私の実体験を交えながらお話ししていきますね。

「引き寄せ」を加速させる インスピレーションの 受け取り方

「本来の自分」でいたらビジョンが受け取れるように！

私はこれまで、スピリチュアルな能力は全くなかったのですが、**ハートの声を聞いて「本来の自分」でいることを徹底し始めてから、だんだんとビジョンやインスピレーションを受け取れるようになってきました。**

そして、そのインスピレーションをうまく活用することで、理想以上の現実がスピーディに叶っていきました。

Sayaka's story

インスピレーションで想像以上の未来に♡

たとえば私が会社員のときには、「独立したい」なんて一切思ったことがありませんでした。

想像できるのは、「もう少し楽な仕事ができる会社に転職」「結婚してしばらく仕事を辞める」とか、そんなことばかり。それ以上のアイデアは思いつきませんでした。

だけど有給期間中、「いい気分」を実践し始めてベッドに横たわっているときに、ふっと頭に「個人事業主になればいい」というインスピレーションが降りてきました。

まわりにそんな人はいなかったし、個人事業主のこともよく知らなかったので、これまでの私なら「そんなことできるはずがない」「無理無理、夢物語だよ」とすぐに頭の声が打ち消したかもしれませんが、「本来の自分」でいるときは、可能性を制限したりしません。

「そうか、それなら毎日通勤しなくていいから、もっと自由にマイペースに働けるかも。それが叶ったら本当に最高の人生かも……♡」とハートが大きくワクワクしたのです！

そして数ヶ月後には本当に通勤せず、マイペースにお家やカフェで働くワークライフを叶えていたのです。

受け取るのに必要なのはやっぱり1つだけ

ここでのポイントは、「いい気分＝本来の自分」でいると、自分の思考とは別のところからインスピレーションが降

りてくるということ。

そしてそれを活用できると、よりスムーズに頭で描く理想以上の願いを叶えていけるということです。

私の頭で考えた理想では、「すごくいい会社への転職」までしか描けませんでした。

その状態では、「残業ゼロで、お給料は今の1.5倍くらいで、オフィスがきれいで、家から電車で通いやすくて、あわよくばタイプの上司がいる転職先が見つかりますように！」といった現実化に期待し、執着していたことでしょう。

ですが、今後について頭でいろいろ考えることは一旦やめにして、ただただハートの声を大切に、一瞬一瞬を「本来の自分」でいることを心がけました。

そうすることで、今までの体験や自分のまわりの常識では浮かばなかったインスピレーションが降ってきたのです。

現状から頭で考えて「これくらいなら叶えられそうかも」と描く理想ではなく、ふっと頭に降ってくる“自分史上最高”のビジョン。

これこそが、山ほどある未来のパターンの中から超優秀な

コンサルタントが「これはどうですか？」と見せてくれている「最高の予告編」なのです。

その受け取り方は、やはり「本来の自分」で、ハートの声に耳を傾ける時間をただ重ねていくことです。

これまで頭の中を埋め尽くしていた仕事の愚痴やマイナスな自己否定のおしゃべりがなくなれば、空白になったところにふっと、これまででは思いつかなかったようなアイデアが飛び込んできます。

それはビジョンのような形で浮かぶこともあるし、ふとしたときに聞いた音楽やwebサイト、街中で見かけた標語からビビッとくることもあります。

先述したように、スピリチュアルな力はそれまでは全然ありませんでしたが、毎瞬意識的に「いい気分」を選びだしてからどんどんビジョンやインスピレーションをキャッチできるようになっていきました。

具体的に、受け取ったインスピレーションをどのように行動に移していけばいいのか？

次から詳しくお話ししていきますね！

新品のドレスを なじませるように “理想”をなじませていこう

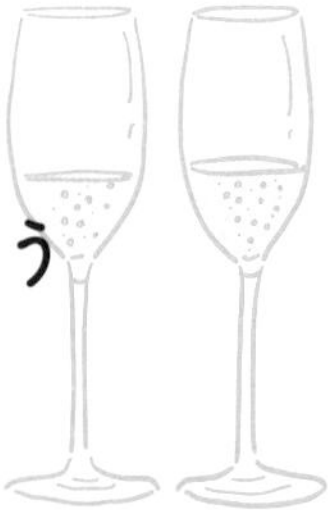

受け取ったメッセージを「やってみる」と次が見えてくる

受け取ったメッセージからどのように“自分史上最高ルート”を叶えていけばいいのか？

それは、**インスピレーションやビジョンでハートがときめくものがあれば実際に取り入れてみることです。**

「予告編」で見たような洋服を買ってみたり、部屋の置物を買ってみたり、現実に取り入れてみる。そうすることでそのビジョンが現実とマイルドになじんできます。

そこからだんだん、現実のほうがビジョンに追いついてくるのです。

具体的にどういうことなのか、私の実体験をもとにお伝えしていきますね。

Sayaka's story

理想の"ゆるリッチ"な生活になるまで

「個人事業主になる」というインスピレーションに「ワクっ♡」とした直後。

"ゆるリッチ"な感じの自分、ナチュラルメイクにシャネルの赤リップを塗り、ベロアのワンピースを着て、髪がツヤツヤな自分のビジョンが浮かんできました。

「そうか、自分自身がブランドになるイメージで、自分の価値を下げないように交渉できるような個人になれるといいな」

「他ではないあなたにお願いしたい、とお客さんに言われるような……」

「それで、会社に所属していないから、朝は自由に起きられるの！　もう満員電車に乗らなくてもいいの！」

まるでミュージカル映画のお姫さまみたいですが、そんなふうにビジョンを見たのをきっかけに、いろいろと今まで浮かばなかったアイデアが浮かんできました。

それとともに、ハートがとてもときめきました！

それは、残業のない理想の転職先を頭で思い描いていたときよりも何倍も、「そんなことって本当にある？　でもあったら最高!!!」というような、とびっきりのワクワクでした♡

こんなふうにインスピレーションやビジョンといった形で浮かんでくる「理想の自分の未来像」にチューニングすると、今の自分との違いが見えてきます。

そして、そのビジョンの「在り方」に自分を合わせていくのです。

私は実際に、ナチュラルメイクにシャネルの赤リップ、ベロアのワンピースを身にまとって、ビジョンで見たような自分になってみました（いずれも自分がもともと持っていたもの。会社員時代にお給料からがんばって買ったものでした）。

すると、うっとり想像していたときの、「朝満員電車に乗らなくていい、自由でリッチな感じ」「自分自身に価値をおいている感覚」がより強化されていきました。

こうして**新品のドレスを身体になじませるように、予告編で見えたものを現実の自分になじませていきます。**

そうすると、ドレスが自分の肌になじんでくるような感覚で、内面で「理想の自分は、現実世界の自分」という感覚にだんだんとなってきます。

私自身、ワクワクしたビジョンを実際に取り入れてみたことで、なんだか１つ器が大きくなったような、うまくいくような気に自然となっていきました。

そうして有給消化期間中、転職先を探すのをやめ、個人事業主になってみることに決めたのです。

すごいキャリアも実績も資格もスキルも全然なかった私でしたが、ビジョンをもとに自分をブランドにするイメージで、心地よくいられるファッションに身を包むことで、偉い人ともマイペースに商談することができました。

気づけば１年足らずで、朝ゆったり起きて、満員電車に乗らず、好きなカフェで週の半分だけ働いて月収100万を稼ぐ“ゆるリッチ生活”が現実のものになっていました（今は好んでもう少し働いています）。

そしてそれを叶えている自分の感覚は、まさにかつてインスピレーションで得た感覚そのままなのです！

“自分史上最高ルート”にがんばりは必要ない♡

ここでのポイントは、「私は何もがんばってはいない」ということです。

やったのは、毎度おなじみ一瞬一瞬「本来の自分」でいること。自分のハートの感覚を頼りに選択すること。

そして、その状態で受け取ったインスピレーションにときめいたので、ただ「やってみた」だけです。

インスピレーションは、先述した通り「本来の自分」でいることを続けていたら勝手に降りてくるようになります。

「やってみる」のは、無理して行動するという話ではなく、浮かんだインスピレーションを実際に現実で楽しんでみる感覚です。

いわば、小さな子どもがプリンセスを夢見てお姫さまごっこをするのと同じです。

あるいは宝くじを買う夢を見たから、実際に同じ店で宝くじを買ってみるような感覚。

それが楽しいからやってみるだけで、「叶えるために」す

るわけではありません。

そう、「お姫さまになるために」「宝くじを当てるために」やったことではなくて、ただそのとき見たビジョンにワクワクしたから「やってみた」だけなのです。

まとめると、「引き寄せ」の実現を加速させるポイントは3つです。

「引き寄せ」の実現を加速する３つのポイント

1，一瞬一瞬、悪い気分になったり鎧をまとったりしたらそれを脱ぎ捨てながら、ハートの感覚を頼りに「いい気分＝本来の自分」でいることを続ける

2，ワクワクするインスピレーションやビジョンをキャッチしたら、実際に取り入れられる部分は取り入れてみる

ビジョンやインスピレーションは言葉にしてメモしておくと忘れないのでおすすめです。

3，あまりにも素晴らしいインスピレーションをキャッチしたとき、「私には無理」と抵抗したり、「早く早く！　まだ実現しないの !?」と期待や執着をしない

“自分史上最高ルート”の実現を加速させていくのに必要なのは、この3つだけです♡

ガムを噛むようにこまめに「本来の自分」に戻り、キャンディーをなめるように理想のビジョンにうっとりする。

そうしてピンとくることがあれば現実で取り入れる行動を起こしてみる。

それだけで、理想以上の世界がみるみる現実になっていきますよ！

コンサルタントからの予告編は仕事でも超使える

仕事もインスピレーションを大切にするとうまくいく

常にやるべきことは、「いい気分＝本来の自分」でいることだけ。

たとえそれが、仕事においても。

これが私の成功哲学です。

それを大前提として、仕事でもいろいろと頭で考えて悩むより、インスピレーションを大切にして動くことで不思議とうまくいきます。

インスピレーションはビジョンという形で届くこともありますが、アイデアや「ピンとくる」という感覚として降りてくることもあります。

知らないはずのことなのに、なぜかハートにしっくりきた

り、ビビッと感じるのが特徴です。

その感覚に従い、ピンときたらやる。

ピンとこないことはやらない。

こんなふうに、超優秀なコンサルタントから届く予告編に従って動くほうが、自分の頭でうんうん考えて動くよりずっとラクに“自分史上最高”の結果が出せるのです♡

「でもやらなきゃいけない仕事が山積みで」「取引先に迷惑をかけてしまう」「締め切りがある場合はどうすれば……」

そんなふうに思うかもしれませんが、どうしてもピンとこないならやらないほうがいいくらいです。

私たちは時間労働や根性論に慣れすぎていて、「時間をかけるから、何かがうまくいく」「がんばったらがんばっただけ幸せになれる」という方程式を作り上げてしまっているところがあります。

ですが本当は、**行動的ながんばりや時間のかけ方と、うまくいくことはあまり関係がありません。**

もし、がんばりがうまくいくことにつながるという方程式が真ならば、私の場合、毎日締め切りに追われて、滑車を回し続けるハムスターのように夜遅くまで働き続けていた会社員時代のほうが結果が出せているはずです。

でも、そのときはちっとも結果が出ませんでした。

ですがフリーランスになって、「いい気分」でいるときに「ピン」と降りてくるインスピレーションをもとに動いてみるようになってから、がむしゃらにがんばっていた会社員時代よりずっとラクにお仕事がうまくいくようになりました。

Sayaka's story

「ピン」を重視したら仕事がスムーズに！

会社員時代の私は「あれもやらなきゃ、これもやらなきゃ」と思うタイプだったので、独立して仕事をいただくようになってからはなおさら、そんな考えが頭に浮かびました。

「報酬をもらってるのだから」「よくしてもらってるのだから」「次も継続してお仕事をいただけるように」……。

こんな具合です。

ですが「引き寄せの魔法」の効果を実感していたこともあり、**ダンスをするように、仕事でもインスピレーションや感覚的なものを大切にしてみたのです。**

ピンとこないときは、今やらずにしばらく時間を置く。

逆に「今これを言わなきゃ！」「今やらなきゃ！」と思ったことは、少しお節介に思えてもやる。

初めは怖かったのですが、続けていると少しずつその効果が見えてきました。

たとえばピンときたタイミングで「これ、ここで伝えておいたほうがいいと思います」と私が提案したことで、後々の大きなトラブルが防げたことがありました。

また、全然やる気が出ずに放置していた案件があったのですが、ふと突然いいコピーが降りてきてマネージャーに提案したところ、他部署のお偉いさんが「こういうのを求めてたんだよ！」とわざわざ感想を言いにきたこともありました。

（そんなことは初めてだったそうです！）

こんなふうに、「ピン」を重視し始めたら仕事が不思議とスムーズにいくようになったのです。

Sayaka's story

インスピレーションに従ったら出版が決定！

本業の仕事に「ピン」とこなかったとき、全く別のところでインスピレーションが降りてきたので、そちらに集中することで“自分史上最高”が叶ったこともありました♡

それはコロナウイルスの大流行で仕事がゼロになり、でも営業する気力も出ずお家にいたときのことです。

何もやる気が出ない中、1つだけハートがワクっとしたインスピレーションを受け取った瞬間がありました。

その年の1年間、「いい気分を大切にした結果の引き寄せ体験談」を、まとめて電子書籍にしようというものです。

私は引き寄せを実践し始める前、「素人の1ヶ月ごとの引き寄せ体験談」をまとめたような本があればいいのになぁと思っていました。

いろんな引き寄せ本を見てきましたが、スピリチュアルを生業にしている方の本はたくさんあるのですが、一般人の具体的な体験談はなかなかなくて、いまいち信じきれないところがあったからです。

「自分が引き寄せを実践してみて、本当に結果が出たら、記録して本にしたい！」

そんなふうに思ったことがあったのです。

すっかり忘れていましたが、そのとき突然「ピン」ときました。

電子書籍なら、誰でも無料で簡単に作れて出版できます。

そしてインスピレーションに突き動かされるままに、ときめきながら夜中に書き上げ、販売したのです。

表紙や帯のデザイン、全体の構成も、巷のハウツーを参考にするのではなく、ビジョンを形にしていくように選んでいきました。

最初は「夜中の勢いで変なことしてしまったかな」とか「がんばって書いても誰にも読んでもらえないかも」なんてマイナスな思考が頭をよぎったりもしましたが、できるだけ結果に執着せず日々をいい気分で過ごしていました。

しばらくすると電子書籍はパラパラと売れ始め、口コミが投稿されたりもしました。

その中には嬉しいものもありつつ、「おもしろくない」「文章がうまくない」などマイナスな感想も届きます。

ここでもまた最初はいちいち傷つき、自分で出したのですが「なんでこんなこと書かれてまで赤裸々に体験を書かなきゃいけないのよ！」と怒りに変わり、「てか知り合いに見つかったらどうするの？　恥ずかしい！　もう消したい！」と恥ずかしさに変わり、消してしまおうかな？　と思ったこともありました。

でもなんとなく、自分のハートは「消す」という選択肢にはモヤッとした感覚を覚えます。

何度か自分の内側に耳を傾けても、「消さないほうがいい」ような気がしました。

それから本のコメントに一喜一憂しなくなり、２ヶ月、３ヶ月と経つうちに、たまに電子書籍のストアでランキング入りするようになってきました。

その約半年後には、電子書籍を読んでくれた出版社さんからご連絡をいただき、初めての本を出版する運びになったのでした。

ここでも「ピン」とくるインスピレーションとハートの感覚に従ったことで、結果的に“自分史上最高”の出来事が叶ったのです♡

その他にも、1冊目の本を刊行した際に、自分でも宣伝をしたほうがいいかな？　と思ったのですがSNSをガンガン更新して告知して……というのに気が乗りませんでした。

でも**「あの人とあの人に本をお送りしてみよう」というインスピレーションがふと降りてきて実行したところ、それが重版の大きなきっかけになったこともありました。**

最先端で効率的なお仕事ツール

だからやっぱり、仕事であってもどんなときでも、やるべきことは同じです。

とにかく一瞬一瞬「いい気分＝本来の自分」でいること。

そうするとインスピレーションやビジョンが降りてくるので、それをキャッチすること。

その中でハートが「ワクっ♡」とすることがあれば、できる限り「実際にやってみる」こと。

本当に不思議ですが、これを繰り返しているだけで、仕事でもなんでも、がんばらなくても物事がうまく回っていきます！

これからの時代はIHI（いい気分・ハートのワクワク・インスピレーション）が最先端で一番効率的なお仕事ツールです♡

ときには「最悪」を考えることがプラスになる

「ゆだねる」のに大切なこと

ここまでいろいろなことをお伝えしてきましたが、ポイントはとてもシンプルです。

「いい気分＝本来の自分」でいること。

何かを選択するときにはハートの感覚を大切にすること。

インスピレーションやビジョンを現実に取り入れてみたり、なぜかピンとくることがあればやってみること。

そして結果に期待や執着をせず「ゆだねる」こと。

ここでは最後の「ゆだねる」について、私が大切だと思っていることをもう一歩踏み込んでお話しさせてください。

32ページでも少し説明しましたが、本書でお伝えしている“自分史上最高ルート”の引き寄せと、望んだものをイメージしてピンポイントで手に入れる引き寄せとは、同じようで違います。

その違いが顕著に出るのが、次の問いではないでしょうか。

「望んでいないことを考えるか？」

ピンポイントで何かを手に入れるタイプの引き寄せでは、思考が現実になるから「望まないことを考えるのはNG」ですよね。
「理想の状態を常にイメージして！」「ずっとポジティブなことを考え続けて！」というアプローチが主になるからです。

「いい気分＝本来の自分でいましょう」という私の話も、もしかしたら同じようにとらえられてしまうかもしれません。

でも51ページでお伝えした前提を思い出してください。
「本来の自分」というのは必ずしもポジティブシンキングしている状態ではなかったはずです。

プラスを加え続けなければいけないというより、余計なものを脱ぎ捨てて、生まれたままの自分に戻る感覚が近いです。

この場合、**「望んでないことを考えるか？」という問いへの答えは、ときに「イエス」になります。**

理想と真逆の現実に降参してみよう

いったいどういうことなのか？

もう少し詳しくお話ししていきますね。

“自分史上最高ルート”の引き寄せを叶えるのに大切なのは、自分が「いい気分」を感じることだけでしたよね。

つまり、**大切なのは「気分」なので、「思考」で望んでいないことを考えていても別にいいんです。**

理想は、思い描いてワクワクを味わう分にはいいですが、そのうちに期待が高まりすぎてしまったり、執着になって重く感じることがあります。

それは、決して「いい気分」ではありません。

では、そこで「いい気分」に戻るには？

全く別のことに意識をズラして期待や執着を手放したり、現実をスパッと忘れて寝たり、自分のハートにじっくり耳を傾けてデトックスしてみたり。

方法はこれまでご紹介してきたように、いろいろあります。

その中でたとえば、自分の腹の底の声を聞いて、深くコミュニケーションを取っていくとします。

そうして、「自分の理想が叶わなくてもいい」「一番望んでない最悪なことが実現してもいい」「それでもいい」と受け入れられたとき、ふわっと身体が軽くなり「いい気分」に戻れるのです。

たとえば海で溺れているときでも、必死にもがいたり、つかまるものを探すよりも、重りを持っていたら捨てて、ふっと余計な力を抜くだけですぐ浮き上がれますよね。

それと同じです。

叶えたいと思うことを「叶わなくてもいい」と思えること。

現実がたとえ「史上最悪の状態」になってもいいと思えること。

それは、「叶っても叶わなくても大丈夫」、根拠がなくても「現実はどうあれきっと私は大丈夫」と思えることです。

その境地は、自分を責める気持ちや恐怖がない状態、つまり「本来の自分」とイコールなんです。

ですから、「ぜんぶ叶った状態」に執着したり期待しすぎているときにはあえて理想と真逆の現実を考えてみて、降参してみることです。

それでも「大丈夫」と受け入れることで、より地に足のついたしっかりとした安心感を得られて「本来の自分」に戻れます。

好かれたいと思うなら、嫌われてもいいと思う。

お金持ちになりたいなら、ホームレスになってもいいと思う。

100歳まで生きたいと思うなら、明日死んでもいいと思う。

病気、借金、孤独死……自分の中で「最悪」と思える状況を想像して、湧いてきた恐れに蓋をしたり抗ったりするのではなく、降参してただ味わってみるのです。

そうすると、制限がない状態に戻れます。

その感覚は、実は最高の状態を想像したときと同じような爽快さです！

現実に影響するのは、思考ではなく気分のほうですから、何を考えたとしても結果的に「いい気分」に戻れたらOKなので、安心して向き合ってみてくださいね。

私は一時パニック障害になりかけたのですが、このやり方で自力で克服できたことがあります。

Sayaka's story

「どうなってもいい」で発作が治まった！

フリーランスになりたての頃の話です。
「いい気分」を実践し始めて、わりとスムーズに現実が好転していったのですが、それでもたびたび強い不安に襲われることがありました。

「あまりにも無謀なことをしているんじゃないか」「うまくいかなかったら将来どうしよう」と思い、あまりのプレッシャーに人生で初めてパニック発作になり、呼吸ができなくなってしまったのです。

経験した方もいらっしゃるかもしれませんが、パニック発作は本当に精神的に辛く、押しつぶされそうになります。

「また起こったらどうしよう……」という恐怖でいっぱいになり、特に狭いところや暗いところに行くとビクビクしていました。

あるとき、大切な商談のミーティングルームで発作が起こってしまいました……！

「絶体絶命、どうしよう……！」

窮地に陥りながらも、私はいい気分でいようとしたのですが、そのとき「どうにかしなきゃ」ではなく、「別にどうなってもいい」というアイデアが浮かびました。

“自分自身”以上に価値のあるものを私は持っていない。

商談だって、一時的に迷惑をかけたとしても、大したことじゃない。

そして、「最悪『妊娠してるかも。つわりが酷くて』とでも言ってミーティングルームを抜け出して、商談がおじゃんになってもいいや」そんな考えも浮かんできました。

こんなふうに、「最悪の事態」も想像したうえで、フラットにどっちでもいいや、と思えたのでした。

すると、みるみる発作は治まっていきました。

気がラクになったことで、結果として商談もうまくいきました。

この体験から、「自分が一番大切なのだから、結果はどうなってもいい」というマインドになり、次第にパニック発作はなくなっていきました。

必死に逃れようとするのではなく、「最悪の事態」を受け入れたことで、勝手に治っていったのです。

「引き寄せ」だってできなくてもいい

私はお医者さんではないので、「恐れを手放せばパニック発作が治る」とは言えません。

ここでお伝えしたいのは、「"最悪"を想像して受け入れられると、『本来の自分』に戻れる」ということです。

それは、「引き寄せ」の実践についても同じことが言えます。

期待や執着に縛られて苦しくなったら、「引き寄せられなくてもいい！」「いい気分になれなくてもいい！」と手放していいのです。

でも「引き寄せるために手放そう」とするのは本末転倒です。

目的はいつだって「本来の自分」でいること。

それが最強の引き寄せ磁石状態なので、とにかく重い感情を脱ぎ捨て、気がラクになれたらOKなんです。

ですから、期待や執着にとりつかれて苦しいとき。

恐怖にむしばまれて辛いとき。

不安が拭えないとき。

「引き寄せがうまくできない」と焦るとき。

そんな重い期待が出てきたら、「どうにかしなきゃ」と戦うのではなく、「どうでもいいや」と手放してみる。

重りを手放せば、勝手に浮かび上がれます。

海で溺れたときに力を抜くように、いつだって気がラクになるほうを選んでいきましょう。

もがかず身をゆだねることで、“自分史上最高ルート”を進んでいけます♡

願いはぜんぶ、ベストなタイミングで叶う

あなたのコンサルタントは未来までお見通し

はいはいはいはい、「いい気分＝本来の自分」でいたら理想以上のことが叶っていくのはもうよーくわかった。

でも、いつ叶うの⁉　早く現実に届けてほしいよ〜！

強く叶えたい願いがあるほど、そう思ってしまいますよね。

私たちはなんでも「早く叶うのがいい」と思いがちです。

でも、実際に経験するまでは信じられないかもしれませんが、叶うタイミングにも「ベスト」があります。

いい気分で過ごしていても、**今すぐ叶わないのであれば、それは今がベストなときではないということなんですね。**

なぜなら、あなた専属のコンサルタントは超超優秀！

私たちがとても見通せない、はるか先の未来まで見通して、最適なタイミングを読んだうえで届けてくれるのです。

私も「なかなか叶わないなぁ」と感じていたことがあったのですが、本当にベストなタイミングで届き、感動したことがありました。

Sayaka's story

夢に見たお城のようなお家が現実に！

私はこれまで地方都市に住んでいて、長年東京への引っ越しを考えていたのですが、なかなかしっくりくる街や物件が見つからずにいました。

とりわけ、ここ数年の私は「ひとめぼれ」級にハートがときめくものじゃないと選ぶことができません。

困ったものでした……。

ところがあるとき突然、「今よりリッチな家に住む！」というインスピレーションが届き、ワクワクが大きくなり、

「今ならいいところに出会えるかも！」と感じ、実際にいくつかの街を見に行ってみることにしました。

ラグジュアリーな湾岸エリア、落ち着いた品格のある住宅街などなど不動産屋さんと一緒に、片っ端から都内の人気エリアを見ていきました。

でも、見たお家はどこもグレードが高く、街も便利できれいそうなのに、なぜかしっくりきませんでした。

「どうしようかな……」となすすべをなくしていたとき、ふとある街が気になりました。

そこは自然がたくさんあるわけでもないし、交通が便利なわけでもない。

だけどセンスのいいお店やレストランが多く、人気のエリアです。

数年前に訪れたことはありましたが、当時は「まぁ、おしゃれな街だな〜」くらいの印象でした。

私は自然や景観を大切にしたいと思っていたので、特に惹かれていなかったのですが、どうも気になるので実際にその街を訪れてみることに。

すると理屈では何がいいのかわからないのですが、なぜか

直感的に「この街だ！」と感じました。

言葉で伝えるのがむずかしいのですが、何かハートに「しっくり」くるものがあったのです。

その街で１つ気に入る物件が見つかったのですが、駅から少し遠く、そこまでの道の雰囲気が暗い感じなのが引っかかりました。

おまけに知人や妹は猛反対。

「この家賃を払うならもっといい家があるはずだよ!!」とかなり止められました。

物件自体のデザインや内装はとても気に入っていたので、他のことは目をつぶってここにしてしまおうかな……と一瞬思ったものの、最後までは気が乗らず。

結局、その物件はあきらめてしまいました。

インスピレーションに従って動いているし、ハートは「この街だ！」と言っているのに、なんで叶わないんだろう？

いつもなら叶う流れなんだけどな。

そう少し不思議に思いました。

不動産や街は「既製品」だし、その中から自分の理想に完ぺきにマッチするものを見つけるのってやっぱり無理なんじゃ……。

そんなマイナスな考えも少しよぎりました。

これまでうまくいったときと同じように、インスピレーションをキャッチしてときめきに従って動いたのに、何にもつながらないのはショックだったのです。

もう内覧するのも疲れたし、しばらく引っ越しはいいかな……？　と思っていました。

それから３ヶ月後、引っ越しのことなんて忘れていたのに、またその街が妙に気になってきて、今度はまた別の不動産屋さんに行ってみました。

そこで50件ほどの物件資料を出してくださったのですが、私は住所やマンション名、写真を見たときの**ハートの感覚だけを頼りに次々と資料をさばき、３件だけを残しました。**

そのうちの１件は写真もあまり載っておらず、不動産屋さんには、「ここは間取りが微妙だから外してもいいかもですね～」と言われたのですが、なぜか「ここは残したい！」と感じ、内覧することに……。

そしてその家を実際に見に行ったとき——。
「探してたのは、この家だ！」とわかりました。

外壁の柵やマンション内に灯るランプ。

まるでお部屋のような大きなウォークインクローゼットから、大理石のようなお風呂の壁まで、どこをとっても私の好みにぴったり！

外壁や内装が、まるで白いお城のようなのです。

そのうえ、以前この街で見つけた物件よりずいぶん駅近で、駅からの道もとても明るい雰囲気の街中にあります。

そう、以前の物件で「もっとこうならいいのに！」と思ったことを全てクリアしていたのです！

さらにその物件がある界隈《かいわい》は雰囲気がほんのり明るくとても私好み。

歩道のタイルや近くのお土産《みやげ》屋さん、味のいい飲食店、少し歩くとゆっくりお茶ができるラグジュアリーホテルもあり、周辺環境も好みにドンピシャです。

なぜかこの街に惹かれたのも、やはり偶然じゃなかったのだと感じました。

先ほども書きましたが、街や不動産は「既製品」。それなのに、「本当にときめくもの」だけしか選べない私が、細かいところまでキュンとできる街やお家に出会えたのはまさに奇跡でした！

そしてふと、そういえば数年前、自分が「お城のようなお家に住んでみたいなぁ」と願ったことを思い出しました。

その頃は魔法を実践し始める前で、「そんな家見たことないし」「あったとしても、すごく高くて住めないだろうなぁ」と、はなからあきらめていました。

ですが、そんな小さな望みすら、優秀なコンサルタントはメモしてくれていたようでした！

そして、**なぜこのタイミングだったのかということも、後になってわかりました。**

このマンションは「お城のような家に住んでみたいな」と思った当時にはまだ建築されていませんでした。

また、最初に内覧をお願いした不動産屋さんでは扱っていない物件でした。

でも最初の物件を経ていたからこそ、今回のマンションがすぐに理想以上の物件だとわかり感動できました！

そう、完ぺきな流れの中で、完ぺきなタイミングで出会えた物件だったのです！

それはもう、思わず笑ってしまうくらいに（笑）。

リラックスして、安心して待っていたらOK

ですから、人間よりもずっと優秀なコンサルタントを信頼して焦らないことです。

私たちが「鎧」をまとって抵抗し続けなければ、全ては計算し尽くされた完ぺきなタイミングで届けられます。

私たちはリラックスして、安心して待っていたらOKなんです。

「引き寄せ」を意識していると、恋愛や仕事なんかでもこういったことがよくあるので、だんだんと流れの感じがつかめてくるかと思います。

「本来の自分」でいるのに叶わないことは、今すぐには叶わないほうがいい理由がきっとあります。

もっと先のほうが素敵なものが届けられるのか、はたまた望むものよりもっともっと良い出会いがあるということなのか……。

どちらにせよ“自分史上最高”のものを最高のタイミングで届けてくれるので、大丈夫♡

あなた専属のコンサルタントは超絶優しい

ちなみに「嫌な気分」でいて、ミラクルを見逃したり受け取れなかった場合はどうしよう……！

そう心配になる方もいらっしゃるかもしれませんが、コンサルタントは超優秀なうえに、めちゃめちゃ優しく、あなたの絶対的な味方です。

だからそれがあなたを最高に幸せにしてくれるものならば、決して見放したりせず、何度だって手はずを整えて届けようとしてくれますよ。

なので、あれこれ考えて動くのは、超優秀なコンサルタントにおまかせして、私たちはただ安心して好きなことをしながら待っていればOKです♡

毎日シャンパンを開けたくなる人生を送ろう♡

さぁ、“自分史上最高ルート”の旅に出かけよう！

ここまで読んでくださりありがとうございます。
“自分史上最高ルート”を叶えていく準備はOKですか？
これから「引き寄せの魔法」で新しい人生を歩んでいかれる門出のとき、最後に少しお話しさせてください。

SNSを開けば、タワマンでリッチな暮らしをするキャリアウーマンや、プロ顔負けの料理を毎日作る主婦。
動画サイトを開けば、一般人なのにありえないほどかわいいモデル級美女や、億を軽々稼ぎ出す若手クリエイター。
10万フォロワー、1万いいね、再生数2億、年収10億円、海外生活――そんなギラギラした情報であふれています。

たくさんの人がすごい影響力を持って、好きなことをして、キラキラしている。
「すごい人」たちがいて、自分も何か「すごいこと」をしないといけない。
そんなふうに見えてしまう時代ですよね。

「何かもう、手遅れかも」
「何をしたって理想やミラクルは、私のこの“普通”の人生には、起こらないよ」
「来世に期待かも……」
そんなふうにあきらめて、ふてくされそうになるときがあるかもしれません。

でもそんなときは、私のことを思い出してください。
仕事も恋愛もうまくいかず、貯金もスキルも実績もなかったところから、「いい気分＝本来の自分」でいることだけを頼りに、恋人もお金も仕事もお家も理想以上を手に入れた私のことを。
最初の本を出したときにはSNSのフォロワーが40人で、インフルエンサーでもなんでもないのに、3冊も本を出せた私のことを。

そして今日も東京の街で普通に働きながら、密かに魔法を使って楽しみながら暮らしている私のことを——。

言いたいのは、あなたにはオリジナルな理想があるし、あなただけの“あなた史上最高ルート”があるということです。

世間で言われるところの「すごい人」になるかもしれないし、ならないかもしれない。

でも「本来の自分」でいれば、小さなことから大きなことまで、毎日いろんな“自分史上最高”の理想がちゃんと現実に届きます。

みんなが一斉に目指すべき人、目指すべき理想なんてなくて、あなたが最高にときめく唯一無二の人生を味わっていけばいいのです♡

迷ったら、自分のハートの声に耳をすませてみる。
困ったら、２日間寝てみる。
いつも今を楽しんでいる♡
その道は、決して「平凡」なんかじゃなく、実は最高のハッピーへとつながっています！

さぁ、お気に入りの靴を履いて、“自分史上最高”を叶える旅へと出かけましょう♪

びっくりするほど嬉しくて、ワクワクして、ときめいて、ときにはアンニュイな気分で——。

今日もミラクルな出来事に、シャンパンを開けたくなるような人生を♡

おわりにかえて 最強の味方はいつも自分の中にいる

この本を書いている間にも、少しだけ不思議なことが起こりました。

私はなんとなく本を書き進めることに行きづまり、web サーフィンしていました。
全然スピリチュアルと関係のないことを検索していたのですが、急に検索結果の中に『神との対話』（サンマーク文庫）という本についての記事が出てきました。

なんとなく内容は知っていたものの、もともとスピリチュアルに抵抗感があった私は「神」というタイトルはピンとこず、ちゃんと読んだことがありませんでした。
でもこのときは本を原作とした映画があることがわかり、なぜか動画サイトで見てみることにしました。

映画を冒頭だけ見たところで、ずっと昔にこの映画を一度見たことを思い出しました。
「一度見てたのか」と思い、そのまま最後のほうにコマ送りをして見ていったとき、ハッとしました。

全く忘れていたのですが、このお話は実話をもとにしていて、主人公は途中から「自分の内側から聞こえる自分の声」に耳をすませるようになるというストーリーでした。

とても視野が広く、賢く優しい、肝の据わった声。
「愛」を伝える声。
「好きなことをやりなさい」という声。
それを「神の声」として扱っていたのです。

それに気づいたとき、私は急に胸がいっぱいになり、ボロボロと涙があふれてきました。

かつてホームレスだった著者は、この「神の声」を聞くことで裕福になり、本の作家になっていきました。
そしてその本は実際に世界中でベストセラーになり、今も読み続けられています。

私が過去にこの映画をいつ見たのかは忘れてしまいましたが、まだ「魔法」を自分の人生で試す前でした。

自分のハートの声なんて、ほとんど聞いていない時期です。

「感動的なストーリーだけど、こんなうまいこと本当にあるのかな～」

「普通の人にはこんなこと起こらないでしょ」

きっと当時は、そんな少し斜に構えた気持ちで見て終わったのだと思います。

だけど数年の時を経て、今この映画を見て感じることは違いました。

この映画に出てくる「神の声」は、自分の「いい気分」を大切にしているときに、自分の内側から聞こえる声と同じだったのです。

いい気分を大切にしだしてから、私自身もその声にいつも助けられ、気づけばこの主人公と同じく作家になっていました。

３冊目の本を書いているタイミングでまたこの映画を見

る運びになったことについても、「ほらね、本当だっただろう！」と、茶目っ気のある「神の声」が聞こえてくるようでした。

「本当だったね。ありがとう……」

この声――目には見えないけどいつも運やご縁を運んできてくれる大きな何かに、心の中が温かい感謝の気持ちでいっぱいになりました。

そして、「自分の内側の『賢い』声のこと、いつも守られている安心感やハートとともに生きること」を今回の本でも伝えなさいと言われているような気がしました。

特にこの日本では、ふだん自分の内側の声よりも、世間の常識的な声を優先して生きる人が多いかもしれません。

悪いことではないものの、そこに生きづらさや窮屈さを覚える人も多いでしょう。

とはいえ、科学的に証明されていないものはうさんくさく感じられて、データや理屈で理解できるもの以外は信じられない人も多いですよね。

「引き寄せの法則」なんて本気で信じているのは、ちょっとダサくて危なくて恥ずかしいような感じもします。

何を隠そう私自身がそうでした。

もちろん、ぶっ飛んだように感じることを無理に信じなくていいです。

私も自分のハートが本当に「イエス」と言うもの以外は、今でも無闇に信じません。

まわりの人に「私はこれを信じています」と申告して回る必要もありません。

ただ自分が自分のためだけに、世間や他人の声をほんの少しシャットダウンして、ハートの感覚を大切にしてみる。

内側奥深くの声を聞こうとしてみる。

そうすれば、きっと全ての人が、自分の本当の「声」を聞けるはずです。

頭の声と違い、ハートの声は細かいことを言わないし、細かい指図もしません。

あれがダメだとか、これをしなきゃマズイだとかも言ったりしません。

あなたを否定せず、ジャッジをしません。

たいていの場合いつでも「大丈夫」というようなメッセージを送ってくれています。

いつだって、あなたの最強の味方です。

あなたが心の底から求めている歓びを教えてくれます。

片時もあなたを見捨てることはなく、生きている間はもちろん、死ぬ瞬間も、そしてきっと来世も来来世でもずっとあなたと一緒です。

その安心感は、とても「いい気分」です。

この本がそんな自分の内側に秘められた、大きな魔法のパワーとつながるきっかけになれたなら、これほど嬉しく感動的なことはありません。

最後まで読んでくださってありがとうございました。

あなたの人生に多くのラッキーが舞い込みますように。

Sayaka.

Sayaka.（サヤカドット）

1991年生まれ。旅行会社のカウンターセールス、求人ライターを経験後、独立。
会社員時代、5年以上、成功哲学・自己啓発・ビジネス・心理学・脳科学などの本を熟読。その内容を参考に、嫌なことを全部やめ「いい気分でいる」ことを徹底する。その結果、たった1年で望んでいた仕事・恋愛・お金・健康・ライフスタイルが手に入る。
既著に『今さらだけど、引き寄せちゃった!』『週末引き寄せ!』（大和出版）がある。
ブログ: https://ameblo.jp/momomo0456/
Twitter: @Sayaka_momomoon
Instagram: s_momomoon

恋《こい》もお金《かね》も仕事《しごと》もがんばらずにすべて叶《かな》える♡
「引《ひ》き寄《よ》せ」完全《かんぜん》バイブル!

2023年４月５日　第１刷発行
2023年５月30日　第２刷発行

著者	Sayaka.
発行者	佐藤 靖
発行所	大和《だいわ》書房 東京都文京区関口1-33-4 電話03-3203-4511

デザイン	岩永香穂（MOAI）
イラスト	西田磨由
本文印刷	信毎書籍印刷
カバー印刷	歩プロセス
製本	小泉製本

ISBN978-4-479-77241-5
乱丁本・落丁本はお取り替えいたします
http://www.daiwashobo.co.jp/